나는 네가
어제 한 행동을
알고 있다

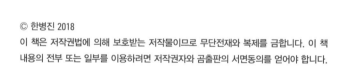

나는 네가 어제 한 행동을 알고 있다

행동과학으로 눈치채는 인간의 속사정

한병진 지음

곰출판

목차

시작하며

● **하학(下學), 일상의 탐구** ●

지혜를 얻기 위해 인문학을 공부해야 한다는 목소리가
여기저기에서 들려온다. 길은 더 넓어지고 빌딩은 더 높
아졌지만, 인생의 긴 여정 곳곳에 숨은 수많은 함정을
눈부신 과학 문명으로도 피하지는 못하는 것 같다.

그렇다면 쉽게 배울 수 없는 지혜를 어떻게 구하는
지 공자孔子에게 잠시 물어보자. 『논어』「헌문憲問」편 36절
에서 공자는 인仁을 탐구하는 자신의 방법론을 '낮고 쉬
운 것을 배워 깊고 어려운 것을 깨달음'(하학이상달下學而上
達)이라고 규정한다. 하학은 우리 일상의 구체적인 모습
과 행동에 대한 탐구를 의미한다. 『논어』에서 공자가 제
시하는 학문의 목적은 추상적 원칙이나 원리를 탐구하거

나 보편적 행동 규범으로 인간 행동을 무작정 통제하는데 있지 않다. 하학은 제자 자하의 말대로 가까운 문제에 대한 고민(근사近思)이다. 공자는 인을 추상적으로 정의하지 않고 제자들의 일상적이고 소소한 질문에 구체적으로 대답하고 있다. 추상적 원칙이나 이데올로기로 우리를 가르치려 들지 않는다. '도가 사람을 넓히는 것이 아니라 사람이 살아가면서 도를 넓힌다'(인능홍도 비도홍인人能弘道 非道弘人)는 말은 바로 일상의 지혜를 추구하는 공자의 정신을 압축적으로 표현하고 있다.[1]

일상은 평범하지만 그리 간단치 않다. 일상은 수많은 것들이 서로 영향을 주고받는 속에서 변화무쌍하고 복잡하게 돌아간다. 복잡한 일상을 헤쳐나가기 위해서는 우선 다양한 개념과 이론이라는 기본기를 갖추고 개인과 개인의 상호작용을 여러 측면에서 바라볼 수 있어야 한다. 요리하기 전에 요리 책을 보듯 우리에게는 일상의 요리 책이 필요하다.

그런데 아직까지 사회과학계에서 지배적 지위를 차지하고 있는 경제학적 모델은 우리 삶의 구체성과 복잡성을 무시하고 있다. 우리 자신의 뛰어난 계산 능력에 대한 비현실적 가정을 기초로 하여 수식으로 가득 찬 공식을 만든다. 우리 모두는 자신의 이익을 극대화하는 정

답을 선택하고 이를 분명히 자각한다고만 가정하는 것이
다. 이 결과 고도의 추상적 수학 모델에 적용되지 않을
것 같은 흥미로운 사건과 경험은 관심 밖 저 멀리로 사라
진다. 자신이 떨어뜨린 물건을 가로등 불빛 아래에서만
찾고 있는 취객의 모습과 크게 다르지 않다.

　　정반대 진영에 반反이론적인 포스트모더니즘이 있
다. 이는 사회현상을 설명할 수 있는 보편적 명제를 포
기하는 탈脫이론을 넘어 보편적 명제를 적극적으로 부정
한다. 세상 속에는 분명히 다양한 담론 혹은 이야기가
난무하고 주관적 요인이 사회적 사건에 결정적 작용을
한다는 점에 나는 누구보다도 동의한다. 하지만 이러한
사실로는 세상을 알 수 없는 그 무엇으로 규정해 버리는
허무주의와 극단적 상대주의가 정당화될 수 없다. 포스
트모더니즘은 하나의 추상적 원칙을 보검처럼 휘둘러 버
리며, 일상의 지혜를 주기보다는 또 다른 편견과 독선을
심어줄 뿐이다.[2]

　　사실 우리는 아는 만큼 현실을 본다. 전문가가 된다
는 의미는 더욱 풍부한 개념을 획득하는 것과 다르지 않
다. 성격 전문가는 사람의 성격을 일반인들보다 훨씬 세
부적으로 이해할 것이며 패션 전문가는 옷과 옷 입는 방
식에 대한 개념이 풍부할 것이다. 에스키모는 눈雪을 표

현하는 단어가 스무 가지 정도에 달한다고 한다. 많이 알수록 우리는 미묘한 현실의 차이를 더 많이 찾아내고 진단할 수 있다. 좋은 의사가 되기 위해 병명을 더 많이 알아야 하는 것처럼 사회의 다양한 문제를 다양한 각도에서 진단하고 분석할 수 있을 때 센스 있게 현실에 대처할 수 있다. 많이 알기 위해서는 공부를 해야 한다. 경제학, 정치학, 심리학, 사회학 등 학문의 경계를 가릴 필요가 없다. 현실에는 학문의 경계가 없기 때문이다. 많이 알수록 많이 볼 수 있고 더욱 재미있고 현명하게 일상을 보낼 수 있다.

최근 부상하고 있는 행동과학은 일상의 전문가가 될 수 있는 기초를 우리에게 제공하고 있다. 행동과학은 인지심리학과 뇌과학 등이 밝힌 인간의 제한적, 편향적 인지능력을 근본에 두고 다양한 심리적 요인이 인간 행동에 미치는 영향을 탐구하는 학문이다.[3] 행동과학은 하학이상달의 방법으로 '인'을 실천하고자 한 공자의 실천적 사명감에 크게 공명한다. 행동과학의 학문적 성과는 법과 제도, 경제적 인센티브 등으로 전체 사회를 통째로 바꾸려는 시도를 추천하지 않는다. 그 대신 제한된 상황에서 소소한 조작을 통해 개인의 선택과 결정에 영향을 미치고자 고민한다.[4]

일상의 문제를 해결하는 실천적 효용과 함께 일상에 대한 고민과 토론은 자기 주도적 학습에 매우 적절한 방식이다. 우리는 구체적 사건에서 일반적 원칙을 도출하는 데는 탁월한 능력을 보이지만 통계적 혹은 추상적 원칙으로부터 구체적 상황을 이해하는 데는 익숙하지 않다. 구체적 사건을 통해 일반 원칙을 도출하고 추상적 원칙을 평범한 일상에 적용하는 훈련을 통해 우리는 다양한 사회과학 이론을 더 쉽게 학습할 수 있다.

이 책은 사회과학의 원리를 이용해서 일상사를 다룬다. 그러면서 사회과학이 특정 주제에만 적용되는 추상적 학문도 아니고, 대학생들이 시험을 위해 외우는 암기 과목 중 하나도 아님을 보여 준다. 암기가 아니라 원리를 깊이 이해한다면 우리는 수많은 일상의 경험을 한 차원 더 깊게 이해할 수 있다. 사실상 이 책은 사회과학 연습 문제 풀이에 가깝다. 운동선수가 체력을 단련하기 위해서는 연습이 필요하다. 마찬가지로 일상의 지혜를 위해 우리는 연습이 필요하다. 연습을 통해 책 속의 개념과 이론을 현실에 적용할 수 있을 때 지식은 비로소 살아 있는 지식이 되고 우리는 지식을 넘어 지혜를 얻는다. 매일 달려도 달리기가 늘지 않는 이유는 코치를 두고 훈련하지 않기 때문이다. 매일 일상을 살아도 일상의 지혜가 늘지 않는 이유도 훈련이 없기 때문이다.

공자는 『논어』 「위정爲政」 편에서 배우고 생각하는 공부법을 우리에게 가르치고 있다. 책만 보고 생각하지 않으면 멍청해지고, 공부하지 않고 생각만 하면 위태로워진다(학이불사즉망 사이불학즉태學而不思則罔, 思而不學則殆)는 것이다. 이 책은 사회과학 서적에서 공부學한 내용을 현실에 적용思하는 연습이다. 학생들은 공부만 하고 일반인들은 생각만 하는 편향을 이를 통해 극복코자 한다.

공부만 하고 현실에 적용하는 사고 훈련을 하지 않는 것은 암기 공부이고 죽은 공부이다. 창의란 아는 것을 새롭게 결합하는 노력과 다름없다. 사고가 없으면 새롭게 얻은 지식은 다른 지식과 결합되지 못한 채 우리의 창조적 행위에 어떠한 도움도 주지 못한다. 멍청한罔 채로 남는 것이다.[5]

반대로 배우지 않고 생각만 하면 생각이 외곬으로 빠진다. 배움이란 어쩌면 우리가 미처 생각지 못한 사항을 알려 주는 점검표와 같다. 점검표가 없다면 우리는 자신이 무엇을 생각하고 무엇을 생각하지 못했는지를 알아낼 수 없다. 공자는 지知는 아는 것을 안다고 하고 알지 못한 것을 모른다고 하는 것으로 규정하고 있다. 하지만 근본적으로 우리는 자신이 무엇을 모르는지를 모르는 경우가 태반이다. 이 상태를 조금이라도 줄여 가는 과정이 학學이라 할 수 있다.

그렇다면 어떻게 사고할 것인가? 이 책은 철저히 구체적이고, 다소 하찮아 보이는 현실에서 시작한다. 이는 공자의 학문 방식인 하학에 공명하는 것이다. 일상에서 시작하는 하학의 방법론 때문인지 『논어』에서 공자가 주는 가르침 대부분은 현대 경험과학으로 탄탄히 뒷받침되고 있다. 군자가 어떻게 행동해야 한다는 당위적 주장은 소인의 행동에 대한 면밀한 관찰에서 비롯된 듯하다. 사실 공자뿐이랴. 불교와 여타 동양 고전에서도 위대한 현인들은 면도날같이 날카롭고 우물처럼 깊게 일상의 소소한 행위와 의도를 관찰하고 있다.

결국 삶의 무게로 휘청거리는 우리에게는 아주 평범한 일상에 대한 천착과 고민이 필요하지 않을까? 칸트식의 추상적 원칙에 대한 지적 훈련보다는 말이다. 일상은 복잡하다. 추상적 원칙만으로는 얽히고설킨 복잡한 문제에 센스 있게 대처할 수 없다. '아직 삶을 모르는데 어떻게 죽음과 신을 이야기하겠는가'라는 공자의 답처럼 인생에서 길道을 찾는 과정은 끊임없는 배움의 추구이며 익힘習을 통한 훈련일 것이다. 힘든 일상을 배우고 익혀(학이시습지學而時習之) 예민한 감각과 균형 잡힌 지혜를 얻어야 인생의 긴 여정을 무사히 마칠 수 있다. 그리고 배우고 익힘은 공자의 말처럼 즐겁다. 그저 자신이 읽은 책의 내용을 더 잘 요약하고 암기하는 것은 재미가 없다. 일상에 대한 예리한 관찰과 감수성을 지니고 생활의 소소하고 구체적인 문제를 능수능란하게 다루는 데 배움의 즐거움이 있다.

나는 이 책이 "흥미를 주지만 흥분시키지 않는 산책"[6]이었으면 한다. 이를 위해 공자, 손자孫子, 노자老子, 한비자韓非子 등의 동양고전, 시와 소설, 『이솝 우화』, 『법구경』 등에서 찾을 수 있는 혜안과 이야기에 많이 의존하고 있다. 거시적 주장이나 뚜렷한 대안을 딱히 제시하지 않으니 흥분은 없다. 하지만 도시의 큰 거리를 지나 샛길로 빠지면 예상치 못한 구경을 할 수 있듯이 거시적 담론에서 벗어나 일상의 샛길을 걷다 보면 새로운 지혜를 만날 수 있다. 이 책이 독자에게 흥미로운 세상 구경이 되기를 바란다.

이 책에서 나는 매우 일상적인 주제를 의도적으로 선정하고 있다. 남녀 관계에서부터 부부 싸움, 술자리, 지하철 자리 앉기, '포샵질'에 이르기까지 평범한 일상의 문제들을 다룬다. 큐레이터가 설명해 주면 그림이 완전히 새롭게 보이고 요리 연구가와 함께 장을 보면 식재료 하나하나가 이야깃거리가 된다. 사회과학에 비추어 일상을 재조명하면 무미건조한 경험에서 흥미진진한 이야기를 만난다. 또한 가볍다고 느껴질 수 있는 주제에 대한 깊이 있는 학문적 분석은 독자를 놀라게 하고 인문학과 사회과학의 실용성을 더욱 극적으로 보여 준다.

인문학을 외면하는 대중에게 '학'의 중요성을 당위적으로 강변하는 것은 무의미하다. 공부를 업으로 하는 사람들은 일상으로 바쁜 이들에게 이를 친절하게 증명해야 한다. 예민한 관찰과 줄기찬 질문만이 대중에게 인문학의 힘을 증명할 수 있다. 매우 일상적이지만 궁금한 경험들을 설득력 있게 분석하는 실사구시實事求是가 지금의 세상 속에서 인문학과 사회과학의 권위를 복원할 수 있는 길인 것이다. 그래서 나는 이 책에서 학문의 전통적 주제 밖으로 나와 버렸다. 그렇지만 이 책이 의지하는 다양한 이론은 학술 논문만큼이나 무겁고 진지하다는 점을 말하고 싶다. 그럼 이제 일상 속으로 헤엄쳐 가보자.

사랑이 제일 쉬웠어요

이 장에서는 사랑이라는 뜨거운 주제를 감성적으로 다루지 않는다. 그 대신 다양한 사회과학 이론을 동원하여 다소 차갑게 분석한다. 사실 남녀 사이의 사랑은 우리가 행하는 선택과 판단의 결정체로, 궁상맞은 인간의 모습을 이해하는 데 안성맞춤인 재료이다. 우리 모두가 항상 흥미를 갖고 뜨거운 논쟁을 벌이는 주제이기에 남녀 관계에 대한 사회과학적 분석은 그 자체로 흥미진진하다.

이 장 전체에서 연애의 시작부터 유지까지 남녀 관계를 둘러싼 일상의 상식에 사회과학의 메스를 대어본다. 너무나 당연시하는 남녀 관계의 일반적 상식에 '왜'라고 묻고 이를 사회과학적으로 답한다.

먼저 사랑을 시작하는 방법부터 살펴본다. 과감하게 고백할지, 아니면 사랑의 분위기가 무르익을 때를 기다릴지 고민하는 당신에게 행동경제학과 심리학이 어떠한 답을 주는지를 알아본다. 인간적인 실수와 인식의 편향을 파헤치고 있는 이 두 학문을 종합하면 적극적인 행동이 더 나은 선택인 듯하다. 이 설명에서 핵심 결론은 남녀의 선택이 세상만큼이나 쉽게 바뀌지 않는다는 것이다.

하지만 여전히 소심한 당신은 서두르다 대사大事를 망쳐 후회할까 두렵다. 당신이 고백하기를 주저하는 동안 상대방은 계속 여지를 남기고, 당신은 상대에 대한 희망으로 고통스러워한다. 두 번째 소주제로 이른바 희망 고문이 왜 발생하는지를 심도 있게 다룬다. 그리고 희망 고문에 대처하는 실천적 지침을 사회과학 이론으로부터 도출한다. 특히 희망 고문을 혁명 전야 민중의 마음에 대입해 본다.

세 번째 소주제는 연애의 출발점이다. 과연 언제부터 연애가 시작하는가? 100일, 200일을 기념하면서도 언제를 기준으로 날짜를 세는지에 대해 깊이 생각해 보지 않았을 것이다. 연애의 출발점을 규정하는 기준에 대한 막연한 생각 너머를 사회과학 이론으로 살펴본다. 흥미롭게도 이에 대한 답을 우리는 개인들의 협동을 다루는 협력 이론에서 찾을 수 있다. 그리고 연애의 시작에 대한 탐구가 '금연법'의 성공과도 맥을 같이한다. 연애가 협동의 보편적인 기초와 일맥상통하고 있다는 점은 일상에 대한 분석이 결코 가볍지 않은 사고 훈련임을 보여 준다.

네 번째 소주제로 성공적인 구애로 시작된 사랑을 키우고 관리하는 방법을 살펴본다. 사랑을 노래하는 시인은 열정적이고 헌신적인 사랑을 아름답게 표현한다. 그렇다면 희생과 헌신만으로 사랑을 키울 수 있을까? 손실을 피하고자 하는 마음, 그리고 자발적 행위에 불일치하는 자신의 태도를 바꾸고자 하는 자기 정당화 등에서 이 질문에 대한 답을 찾고자 한다. 사랑을 키우기 위해 상대를 약간은 고통스럽게 할 필요가 있다는 다소 의외의 내용을 이야기한다.

다음으로 연인 관계가 친구 관계와 다른 이유와 그 양상을 살펴본다. 연인 관계가 친구 관계와 다르다고 다들 느끼지만 막상 이유를 물어보면 답하기 어려울 것이다. 행동경제학의 주요 개념인 손실 회피 성향, 즉 이득보다 손실에 민감하게 반응하는 우리의 태도에 근거하여 연인 사이와 친구 사이를 분석코자 한다.

　마지막으로 이른바 '밀당'에 대해 심도 있게 분석한다. 우리는 남녀 관계에 밀당이 필요하다는 조언을 매우 자주 듣는다. 이 상식에 대해 나는 다시 한 번 '왜' 라는 질문을 던진다. 그런데 밀당은 지금까지 주로 학습심리학에서 이야기하는 보상 방식의 관점에서 다루어졌다. 더욱 근본적으로 나는 비교와 대조로 세상을 인식하는 인간의 인식 습관에 비추어 이야기한다.

우리는 자신의 선택을 사랑한다. 시험을 예로 들어보자. 시험에서 모르는 문제가 나오면 우리는 당혹해하면서 가장 마음에 드는 번호를 찍는다. 그저 운에 맡기는 것이다. 그런데 시험이 끝나고 나면 이상하리만치 기분이 좋다. 점수가 많이 나올 것 같은 기대감에 사로잡힌다.

이런 근거 없는 낙관주의는 단지 수험생만의 문제가 아니다. 심리학자의 실험에 따르면 경마장을 찾은 사람들의 반응 역시 비슷하다. 이들은 특정 말에 돈을 걸기 전에는 불안한 마음에 주저주저한다. 그러나 일단 마음을 정하고 나면 자신의 선택을 상당히 확신한다. 돈을 걸자말자 자신이 선택한 말의 승률을 훨씬 높게 예상하는 것이다. 자신의 돌이킬 수 없는 선택을 사랑하는 마음 때문이다.[1]

돌이킬 수 없을 때 우리는 사건, 사물, 사람의 좋은 측면을 찾으려 노력한다. 이는 스트레스를 피하기 위한 심리적 방어 기제이다. 우리는 피할 수 없으면 사랑하는 쪽으로 가닥을 잡는다.[2]

이러한 심리 작용 덕분에 대통령 선거 직후 여론은 당선인에게 상당히 호의적이다. 당선인에 대한 호감도는 한 달 전 선거에서 받은 지지율을 훨씬 넘어선다. 이제 좋든 싫든 몇 년을 그와 함께 보내야 하는 시민은 신임 대통령의 좋은 면을 강조하고 나쁜 면을 애써 축소하거나 무시한다. 그래서 허니문이 가능하다.

독재자가 다른 경쟁자에 비해 유리한 이유도 여기에 있지 않을까? 독재자를 용인한 이상 주민들은 독재자의 좋은 점만 보려고 노력한다. 오래 보고 자세히 봐도 좋은 점을 찾기 어려운 사람은 별로 없다. 여기에 극적 연출이 더해지면 사람들은 독재자의 겉모습에 쉽게 현혹된다.

돌이킬 수 없는 선택 후에는 자기 정당화와 심리적 방어 기제가 더욱 강하게 작동한다. 실제로 이를 교수 임용 과정에서 확인할 수 있다. 뚜렷이 차이 나지 않는 두 후보 사이에서 교수들은 깊은 고민에 빠져 있다. 그런데 고민 끝에 한 명을 선택하자마자 교수들은 침이 마르도록 그 사람을 칭찬하면서 자신의 결정에 뿌듯해한다. 결정 전에는 그렇게도 애매모호하던 것들이 이제는 아주 분명한 의미와 판단이 되어 돌아온다. 역사가 승자의 편인 이유가 여기에 있다. 승자를 치켜세우는 만큼이나 패자의 상처에 소금을 뿌린다. 악담과 악평을 쏟아내는 것이다. 현재의 감정과 태도로 과거의 기억이 재편집되어 자신이 두 후보를 놓고 얼마나 고심했는지는 까맣게 잊어버린다. 한 번 고배를 마신 대학 학과에 다시 임용 지원을 하지 말라는 불문율은 그래서 타당하다.

상대의 마음을 선점하는 사람은 자기 정당화와 함께 소유효과endowment effect를 누린다. 갖기 전보다도 갖게 된 후 물건을 훨씬 더 가치 있게 생각하는 것이다. 어떤 것 (물건, 사상, 개인)이든 내 것이 되기 전과 내 것이 된 후에 느끼는 가치에 상당한 차이가 있다.

가령 인기 가수의 공연 티켓 판매가 있고 난 후 열성 팬은 바닷물이 갈리듯 둘로 나누어진다. 공연 티켓을 가진 사람과 가지지 못한 사람이다. 이제 가진 사람은 꽤나 높은 경매 가격에도 티켓을 내놓으려 하지 않고, 가지지 못한 사람은 가진 사람이 요구하는 가격이 터무니없다고 생각한다. 조금 전까지만 해도 이들은 비슷한 정도의 열정을 가진 열성 팬이었는데 말이다. 표를 가진 사람은 공연장에서 만들 일생일대의 추억을 포기하는 것에 대한 보상을 원한다. 표를 가지지 못한 사람은 이를 보상하고 싶은 마음이 전혀 없다.[3]

소유효과가 얼마나 강한지, 심지어 우리는 빌린 것을 돌려줄 때도 상실감을 느끼는 모양이다. 꼭 자기 것을 잃는 양 고통스러워하는 『이솝 우화』의 아이처럼 말이다.

시골 목자들이 염소를 제물로 바치고 나서 이웃을 불렀다. 그들 중에는 아이를 데려온 가난한 여인도 있었다. 잔치가 벌어지자 고기를 잔뜩 먹어 배가 부풀어 오른 아이가 배가 아프다며 말했다. "엄마, 내장을 토할 것 같아." 어머니가 말했다. "얘야, 그건 네 내장이 아니라 네가 먹은 내장이란다."[4]

빌린 돈마저도 자기 것으로 생각하기에 친구 사이에 돈 거래는 금물이다. 빌려준 사람은 당연히 자기 돈을 돌려받고 싶어한다. 아직 돌려받지 못한 상태에서 손실감이라는 유쾌하지 않은 감정을 느낀다. 문제는 빌린 사람이다. 빌린 사람 역시 빌린 돈을 갚을 때 고마운 마음이 아니라 꼭 자기 소유물을 내놓는 상실의 아픔을 느낀다. 자신이 먹은 내장을 토하면서 자기 내장을 토하는 듯 착각을 하는 것이다.

두 명의 구애자 사이에서 고민에 빠진 여성을 상상해 보자. A라는 남성은 재미있지만 외모가 매력적이지 않다. B라는 남성은 인물은 좋은데 재미가 없다. 이런 이유로 이 여성은 결정 장애에 빠진다. 결정 장애에서 벗어나기 위해 여성이 동전 던지기로 A를 선택했다고 가정하자. 며칠 만난 후 여성은 다른 남성으로 선택을

바꿀 수 있을까? 만약 경제학에서 가정하는 합리적 인간
이라면 다시 동전을 던져 새로운 선택을 할 수도 있다.
하지만 보통의 인간이라면 이 여성은 처음 선택에 머무
른다. 선택 후 A와 B는 이 여성에게 동일하지 않기 때문
이다. 행동경제학이 밝히고 있듯이 비슷한 양이라면 얻
는 기쁨보다는 잃는 슬픔이 훨씬 크다. 가진 것을 더욱
소중히 여기는 마음 때문에 이 여성은 기존 선택에 머무
르는 것이다.[5]

어쩌면 우리 마음에는 소유효과와 자기 정당화보다
더 근본적인 힘이 작동하는지도 모른다. 우리 마음에는
한 번에 하나밖에 들어오지 못한다. 그래서 사랑의 선점
이 더욱 중요하다. 한비자가 제시하는 과제를 하나 해보
자. 오른손으로는 동그라미를, 왼손으로는 세모를 그려
보는 것이다. 어렵지 않은가? 눈으로 사슴을 보면서 사
자를 상상할 수 없다. 그래서 부처는 이렇게 말했는지도
모른다. "부지런히 착한 생각을 해라. 그러지 않으면 어
느새 마음에는 나쁜 생각이 들어온다." 우리 의식은 한
번에 한 가지 이상 생각하지 못한다. 그러니 사랑하는
사람이 다른 대상을 상상하지 못하도록 당신이 그 앞에
서 있어야 한다.[6]

이렇듯 마음은 한 가지밖에 떠올리지 못하고, 일단

한쪽으로 기울면 그 마음을 돌이키기가 매우 어렵다. 소유효과와 자기 정당화가 우리 선택을 고정한다. 사랑하는 사람이 있다면 서둘러라. 세상이나 사람 마음이나 바뀌기 어렵다. 사랑을 얻고 싶다면 초전에 사력을 다하라.

●   기대와 가능성의 희비 쌍곡선   ●

좋은 친구 사이지만 애인 사이로 발전하지 않은 남녀도 있다. 그중 한쪽은 서둘러 고백했다가 영영 남이 되느니 친구로 남는 편이 낫다고 생각할 수도 있다. 이런 생각은 경제적 합리성에 부합한다. 경제학은 합리적 개인이 단봉형의 선호를 보인다고 가정한다. 쉽게 말해 자신이 가장 원하는 상태에서 멀어질수록 선호도가 떨어진다는 의미이다. 반면에 다봉형 선호는 자신이 가장 원하는 상태에서 멀어질수록 선호도가 떨어졌다가 다시 증가하는 것을 의미한다. 다음 그래프에서 단봉형은 봉우리가 하나이고 다봉형은 봉우리가 두 개이다.

　단봉형 선호를 보이는 사람에게는 친구라도 되는 게 영영 보지 못하는 것보다 낫다. 친구로 지내고 있는 여자를 짝사랑하는 남자는 경제적으로 합리적이라 말할 수

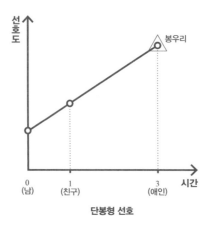

단봉형 선호

다봉형 선호

친구 관계와 애인 관계에 대한 선호

있다. 쉽게 말해 애인 관계로 발전하면 하루에 평균 3시간을 같이 보낼 수 있다. 친구로 남을 경우 하루 평균 1시간을 같이 지낼 수 있다. 즉 3시간, 1시간, 0시간이 그 앞에 남겨진 선택이다.[7]

그러나 우리 대부분은 1시간(친구)이 아니라 3시간(애인)과 0시간(남)을 놓고 도박을 한다. 연인이 되고 싶다는 욕망이 있어 괴롭기 때문이다. 단순히 같이 지내는 것 이상을 원하게 되면, 이제 즐거움 대신 괴로움이 마음을 지배한다. 부처가 말하는 '집착'이라는 두 번째 화살을 맞아버린 것이다. 첫 번째 화살은 감각으로 느껴지는 호불호다. 이것은 우리가 어찌할 수 없는 것이지만 이제 감각으로부터 생기는 욕심이 마음을 괴롭힌다. 욕심과 기대에 상응하는 보상이 없기 때문이다. 희망 고문이 시작된다.

그런데 희망 고문을 벗어나기가 만만치 않다. 누구를 오랫동안 짝사랑해 본 적이 있는 사람들은 쉽게 알 것이다. 잊겠다고 결심하면 할수록 더욱 잊기가 어렵다. 의지 박약이 아니라 잊겠다는 의지 과잉 때문이다. 잊고 싶다고 쉽게 잊을 수 있다면 집착이 그리 문제가 되지 않을 것이다. 하지만 변덕스러운 마음은 부지불식간에 집착의 대상을 떠올린다. 『법구경』은 "이 마음은 끊임없이 물결치고 있으므로 감시하고 다스리기 매우 어렵고 이 마음 걷잡을 수 없이 변덕스러워 그가 좋아하는 곳이면 어디든지 그곳을 공상하면서 날아간다"고 묘사한다.[8] 매력적인 이성에 사로잡힌 마음은 흥분한 코끼리처럼 통제하기 어렵다.

더 이상 생각하지 말아야지 하고 결심할수록 생각이 더욱 꼬리에 꼬리를 문다. 이는 마치 완전범죄를 저지른 사람이 아무에게도 말하지 말아야지 결심한 순간부터 머릿속으로 항상 자신의 범죄 행각을 떠올리는 꼴이다. '생각하지 말아야지' 하는 생각을 통제하고자 하는 마음이 우리를 괴롭힌다. 생각을 하지 않고 있는지를 확인하는 과정에서 불가피하게 대상을 연상한다. 무의식적인 반추rumination가 일어난다.[9] 욕망뿐 아니라 욕망을 버리겠다는 욕망마저 버리라는 부처의 경고는 참으로 정확하다.

희망 고문은 희박한 가능성에서 비롯한다. 가끔씩 단 둘만의 점심 식사 등을 통해 상대가 당신에게 호감을 표현한다면 당신은 희망에 사로잡힌다. 고문이 시작되는 것이다. 전혀 가능성이 없거나 가능성을 확인하지 못한 경우라면 마음이 동하지 않는다. 가능성이 없을 경우 합리적으로 계산되는 기댓값은 0이다. 이성이 여지를 주었다고 믿는 순간 욕심이 생기고 집착하는 마음이 생긴

다. 특히 우리는 조그마한 가능성마저 크게 확대해석하는 경향이 있다.[10]

이는 프랑스 혁명 전야 프랑스 민중의 마음과 비슷하다. 새로운 삶을 살 수 있는 가능성이 전혀 없는 세상에서 그들은 묵묵히 현실에 만족하며 살아간다. 하지만 새로운 세상이 가능하다는 암시suggestion가 주어지는 순간 기존 삶의 방식은 그들에게 참을 수 없는 속박이자 굴레로 바뀐다. 그리고 새로운 삶이 꽤 가능할 것 같다고 믿는다. 혁명의 희망 고문이다.

희망이 주는 고통에서 벗어나기 위해서는 희망을 달성하든 폐기하든 해야 한다. 이제 분명한 행동이 필요하다. 가능한 한 의심의 여지가 없는 분명한 언어를 선택해서 당신의 마음을 전달해야 한다. 그리고 애매모호한 답을 듣는다면 단호한 어조로 당장 관계를 정리해야 한다.

명명백백한 고백은 두 가지 긍정적 효과를 가져온다. 첫째, 과감한 고백은 전쟁에서 지고 있는 국가의 지도자가 마지막으로 총력전을 펼쳐보기로 선택한 것과 유사하다. 이를 '부활을 위한 도박gambling for resurrection'이라 부를 수 있다. 무엇보다 이 선택은 현실이 불확실하다는 점을 염두에 두고 있다. 희박하지만 존재하기는 하는 가능성에 희망을 걸고 도전하는 행위이다.[11]

둘째, 명명백백한 고백과 단호한 관계 정리는 '퇴로를 차단하여 burning the bridge' 미래의 자신이 다른 선택을 하지 못하도록 하는 자기 결박이다. 여지를 남기면 우리 마음속 감정이라는 코끼리가 다시 날뛸 수 있고 우리는 그냥 고삐만 쥔 채 우왕좌왕하는 기수로 전락한다. 명명백백한 고백을 거절당한 이상 상대가 나에게 호감을 가지고 있다고 믿기는 어려울 것이다. 고백은 가능성을 1퍼센트에서 0퍼센트로 만들어버린다.[12]

상대가 이른바 '어장 관리'를 하고 있다면, 사실 당신의 과감성은 상대에게도 도움이 된다. 어장 관리는 만족을 추구하기보다 효용의 극대화를 추구한다. 어장의 물고기를 포기하지 못하는 마음의 본질은 손실의 안타까움이다. 관리하는 사람 역시 괴롭다. 마케팅 관련 아이스크림 실험은 더 많은 대안이 소비자의 선택을 가로막는다는 사실을 보여 주고 있다. 아이스크림의 종류가 세분화될수록 소비자는 아이스크림 구매를 더욱 주저한다. 결정 장애가 발생한다. 선택의 역설이다. 똑같아 보이는 건초 더미 중간에 놓인 망아지의 운명이다. 망아지는 어디로 가야 할지 고민하며 서성이다 굶어 죽는다. 선택은 어려워지고 즐거움은 반감된다. 선택 가능한 대안의 증가로 선택의 기회비용이 증가하면서 어떤 선택도 충분한 즐거움을 주지 못한다. 초콜릿 맛 옆에 초콜릿 바닐라 맛이 있기 때문이다. 선택 가능한 대안이 너무 많은 것도 스트레스이다.[13]

연인관계의 시작, 양인지

사랑은 언제 시작하는가? 100일 기념, 200일 기념이라는 말을 들을 때마다 과연 연애 1일에 대한 보편적 기준이 존재하는지 궁금하다. 처음 키스를 한 날인지? 처음 손을 잡은 날인지? 사랑이라는 감정이 싹트고 자라는 과정은 연속적이다. 그리고 감정의 정도와 스킨십의 진도 사이의 관계는 커플마다 천차만별일 것이다.

연애 관계를 절묘하게 묘사한 구절을 신윤복의 「월하정인도月下情人圖」에서 찾을 수 있다. 달빛 아래 등불을 들고 걸어가는 조선 시대 두 남녀의 그림 옆에 "월야침침 야삼경 양인심사 양인지月夜沈沈 夜三更 兩人心事 兩人知"라는 글귀가 있다. 여기서 핵심은 두 사람의 마음을 두 사람이 서로 알고 있다는 "양인심사 양인지"이다. 양인지란 서로가 서로의 마음을 안다고 서로 알고 있는 상태인 것이다. 양인지는 협력 이론에서 강조하는 고차원적 협력을 위한 공유지식common knowledge이다. 양인지가 바로 연애 관계의 시작을 알리는 기준이 될 수 있다.[14]

양인지가 되지 않는 남녀 관계는 애매모호하다. 남녀 관계를 애매모호하게 남겨 놓는 기술의 핵심은 양인심사 양인지가 되지 못하도록 중요한 말 몇 가지를 하지 않는 것이다. 우리 사이가 연애하는 사이라는 의사 교환이 없다면 신체적·정서적 친밀도와 상관없이 관계의 진도는 나아가지 않는다.

이른바 '썸'을 끝내고 연애로 나아가기 위해 필요한 것이 상호 고백이다. 이것이 양인지를 가능케 한다. 공자는 항상 말보다 행동이라고 했지만, 많은 인간관계에서 말은 절대로 가볍지 않다. 언어는 공동의 기대와 생각을 만들어내는 위력적인 수단이다. 생각의 공유를 공유할 때 우리는 공동의 목표를 위해 상대방과 협력할 수 있다. 남녀 관계에서는 고백을 통해 관계가 정의되고 관계에 대한 공동의 인식이 공유될 수 있다. 고백이 없다면 함께하는 시간의 의미는 여전히 안갯속에 싸여 애매모호할 뿐이다. 고백하고 이를 받아들이면서 관계의 구속력이 생긴다. "우리는 오늘부터 애인이다"라는 고백으로 양인지가 만들어지고 연애 1일이 성립하는 것이다.

관계를 전환하는 양인심사 양인지의 위력은 사회적

변화에서도 확인할 수 있다. 공공장소에서 담배를 피우지 말라는 오랜 권고는 최근까지 대체로 무시되어 왔다. 그러다 갑자기 모두가 공공장소에서 담배를 피우지 않게 되었다. 공공장소에서의 흡연에 대한 개개인의 생각이 동시에 변해서일까? 담배 피우는 사람이 왜 10명, 9명, 8명처럼 조금씩 줄지 않고 갑자기 10명에서 1~2명으로 줄어드는가? 그 이유는 '국민건강증진법 내 금연조치 조항을 통한 금연제도'(이하 '금연법') 때문이다. 잘 보이지 않는 구석진 곳에 스티커 한 장 붙이는 정도에서 벗어나 정부는 금연법을 제정하고 텔레비전 광고 등으로 이를 적극적으로 알렸다. 금연법은 공공장소에서 흡연이 잘못된 행위라는 인식을 대다수에게 심어주었다. 나 자신뿐 아니라 다른 사람 역시 공공장소 흡연을 잘못된 행위로 여긴다는 믿음을 공유하게 된 것이다. 이제 시민들은 자발적으로 흡연자를 제재했다. 싫은 표정을 지을 뿐 아니라 직접적으로 흡연을 제지하는 등 다양한 수위의 사적 제재를 가하기 시작했다. 금연법에 대한 대대적 홍보 덕분에 다인심사 다인지가 된 것이다. 그렇게 해서 공공장소 내 흡연에 대한 다수의 불편한 마음이 확인되었고, 공공장소 내 금연 1일이 성립하였다.[15]

이렇듯 양인심사 양인지는 연애의 기초일 뿐 아니

라 사회질서의 기초이다. 양인심사 양인지는 규범을 낳고 규범은 사적 감시와 처벌을 가능케 한다. 자신의 사적 감시와 처벌에 대한 다수의 지지 혹은 순응을 믿는 시민은 과감하게 눈총을 보낸다.

세상을 바꾸기 위해서도 양인심사 양인지가 필요하다. 위험한 집단행동인 혁명이 성공하기 위해서는 다수가 동시에 참여해야 한다. 내가 참여할 것이라는 나의 마음을 친구가 알 뿐 아니라 친구가 이를 알고 있음을 나도 알아야 한다. 이것이 혁명의 양인지이다. 이러한 인식의 공유를 이루기 위해 세계 곳곳의 시민들은 광장에서 우산을 들거나 아이스크림을 먹거나 길거리에서 아주 천천히 걷는다. 혹은 촛불을 든다. 광장과 길거리는 관찰 가능한 장소이다. 공개적인 장소에서 발생하는 관찰 가능한 행동은 다수가 다수의 마음을 알 수 있도록 도와준다. 우리가 다수이고 그들이 소수임을 다수가 확인하는 것이다.[16]

고통과 사랑의 비례 원칙

이탈리아 사람들은 한국 사람들만큼 스파게티에 열광할

까? 분명 이들이 훨씬 자주 스파게티를 먹겠지만 우리처럼 열광하지는 않을 것이다. 다른 나라의 문물에 열광하는 모습은 사대주의와 크게 관련이 없다. 한국인들이 한국적이지 않은 대상에 빠지듯 이탈리아인들 역시 이탈리아적이지 않은 대상에 빠질 것이다. 우리 모두의 덜 합리적인 태도 때문이다. 우리는 희소한 것, 갖기 어려운 것, 비싼 것을 좋은 것으로 인식한다. 이런저런 어려움이 더할수록 대상에 대한 우리의 열망은 커진다. 반대로 우리는 쉽게 얻은 것을 가볍게 취급한다.

시험 기간에 시험 과목과 상관없는 책을 읽는 데 빠지는 이유도 이와 비슷하지 않을까? 시간이 많을 때는 읽고 싶은 책을 읽는 시간이 그리 소중하지 않다. 하지만 기말고사 준비로 딴짓할 시간이 부족해지면, 평소에 읽고 싶던 책을 읽는 시간이 더 달콤해지는 느낌이다. 시간이 부족하고 긴장되는 상황에서는 딴짓의 달콤함이 더 크기에 학생들은 시험을 며칠 앞두고 독서삼매경에 빠진다. 얼마 남지 않은 상품, 금지된 장난, 곧 다가오는 귀가 시간 앞에서 우리는 강한 유혹과 소중함을 새삼 느끼게 된다.[17]

희소한 것을 고귀한 것으로 여기는 습관은 사랑에 관한 주요한 실천적 지침을 우리에게 던지고 있다. 쉽게 마음을 주지 말고 구애자에게 사랑의 장애물을 더하라 는 것이다. '객관이란 무엇인가?' 같은 심오한 주제를 던 진 다른 서양 철학자와 달리 인간적인 문제에 매달린 몽 테뉴는 신체적·정신적 고통과 어려움이 사랑의 "광희" 를 낳는다고 이미 간파한 바 있다. "딸을 감시하는 아버 지로 인해 남자의 마음은 더욱 불타오른다." 매일 밤 귀 가 시간이 정해져 있기에 같이 있는 시간이 더욱 소중하 고 애틋하며 사랑이 샘솟는다. 아버지가 귀가 시간을 정 하지 않았다면 차라리 당신 스스로 아버지의 이름으로 귀가 시간을 정하고 이를 철저히 지켜라.[18]

그렇다면 여기에는 어떠한 심리가 작동할까? 첫째, 자기 정당화에서 그 이유를 찾을 수 있다. 동아리의 가 입 조건이 어려울수록 신입 회원은 동아리에 더욱 만족 하고, 훈련이 살인적일수록 해병대원은 해병대에 더욱 충성한다. 이러한 역설은 인지부조화를 해소하기 위한 정당화에 기인한다. 스스로 원해서 선택한 대상으로부 터 고통을 당하고 있는 자신의 모습을 받아들이려면 고 통을 받을 만큼 가치가 있는 대상이라고 믿어 자신의 처 지를 정당화해야 한다. 이러한 정당화가 없다면 자발적 으로 동아리 혹은 해병대에 들어간 자신의 선택을 후회 하게 되고, 심리적 고통도 피할 수 없다. 내가 사랑을 얻기 위해 이렇게 노력하는 이유는 "그이가 정말 가치 있기 때문이야"라고 정당화할 때 불편한 마음에서 벗어날 수 있다.[19]

둘째, 어려움이 더할수록 애착이 커지는 이유를 손실 회피loss aversion에서 찾을 수 있다. 같은 양의 이득에서 오는 기쁨보다 같은 양의 손실에서 오는 슬픔을 더 크게 느끼는 심리가 손실 회피이다. 우리는 어렵게 우리 손에 들어온 물건, 힘들게 내 것이 된 사람, 오랫동안 믿어온 신념 등을 포기하는 것을 어려워한다. 정성과 노력을 들인 대상을 포기할 경우 밀려오는 손실감을 피할 수 없기 때문이다. 거짓으로 판명된 정치적 믿음을 포기하지 못하는 이유가 여기에 있다. 청춘을 바쳐 쌓은 믿음을 버릴 경우 자신의 청춘이 온통 부정되는 느낌이 들 수 있다. 남녀 관계에서도 지금까지 들인 노력이 물거품이 되는 것을 피하기 위해 구애자는 더욱 필사적으로 행동한다. 만약 자신의 구애가 실패하면 지금까지 쏟아부은 정성과 노력은 매몰비용이 되고 결국 이를 회수할 수 없게 된다. 비용이 손실이 되는 것이다. 손실을 피하고자 하는 마음으로 인해 상대에 대한 애착과 집착이 더욱 강해진다.[20]

상당한 노력을 통해 상대방의 마음을 얻은 구애자

는 상대를 그만큼 소중하게 여긴다. 일반적으로 우리는 노력을 들인 만큼 노동의 결과물에 애착을 느낀다. 재치 있는 행동경제학자는 우리의 이러한 모습을 이케아 효과 IKEA effect로 명명하고 있다. 완제품보다 힘들게 조립한 가구에 더욱 애착을 느낀다는 뜻이다. 지금 방 안에 놓인 가구를 둘러보라. 아마도 가장 애착이 가는 가구는 자신이 직접 힘들게 조립한 가구일 가능성이 높다.[21]

적당한 어려움을 주어 연애 상대가 성취감을 느낄 수 있도록 하는 것도 나쁘지 않다. "자신을 죽이지 않는 어려움은 자신을 강하게 한다"라는 철학자 니체의 말처럼 관계를 죽이지 않는 어려움은 관계를 공고히 할 수 있다. 문제는 적당한 정도를 조정하기가 어렵다는 것이다. 너무 큰 어려움은 당신의 짝이 될 사람을 쫓아버릴 수 있다. 과유불급이다.

● **믿음의 함정** ●

많은 연인들이 어느 정도 궤도에 진입한 후에는 말다툼을 시작한다. 요즈음 변했다는 애인의 불평에 상대는 평소에 얼마나 잘해 주었는데 이 정도도 봐주지 못하느냐고 항변한다. 이런 다툼이 발생하는 이유는 평소 잘해 준 것에 대해 각자의 입장이 다르기 때문이다. 한쪽은 과거 선행善行으로 신뢰credit를 쌓았다고 믿는다. 다른 인간관계에서는 신뢰를 쌓으면 나중에 상대를 소홀히 대했을 때 발생하는 부담을 예방할 수 있다. 좋은 선물을 하거나 상대의 일을 도와주면서 애인에게 많은 점수를 얻었다고 자신한 사람은 친구와 밤늦도록 술잔을 기울인다. 하지만 종종 그의 기대와 달리 상대는 그의 술자리를 용납하는 대신 실망했다며 좋지 않은 감정을 표출한다.

인간의 기대와 실망이 어떻게 작동하는지를 안다면 애인의 반응을 충분히 이해할 수 있다. 평소에 잘해 주면, 고마워하는 마음과 함께 상대의 사랑에 대한 기대 수준이 높아진다. 이제 높아진 기대 수준에 비추어 상대의 행동을 평가한다. 행복감의 정도는 보상의 절대 수준이 아니라 보상에서 기대를 뺀 값임을 기억하자. 상승한 기대에 반하여 평소와 달리 무심한 행동을 한다면 한 번의 용서가 아니라 실망을 낳는다.[22]

이는 혁명 이론에서 말하는 반항의 전조이다. 구차한 삶이 계속되면 민중은 체념한다. 하지만 상황이 개선되는 순간 희망을 품는다. 위험한 순간이다. 희망을 품자 이전에 쉽게 참았던 빈곤, 억압, 모욕 등이 견딜 수 없는 현실이 된다. 그리고 잠깐 동안 주어진 자유와 권리를 몹시 그리워한다. 희망에 훨씬 미치지 못하는 현실에 대해 분노를 느낀 민중은 반항한다.

그런데 친구 관계에서는 반복되는 호의가 기대의 수준을 높이지 않고 신뢰의 수준을 높인다. 친구가 열 번 중 여덟 번 잘해 주었다면 두 번 정도 고집을 피우고 소홀하더라도 우리는 대체로 친구를 따르고 용서한다.

그렇다면 친구 사이와 애인 사이는 어떻게 다를까? 목표가 있고 없고가 다를 것이다. 친구 관계는 정이 쌓인다고 해서 새로운 단계로 진입할 이유가 없는 사이이다. 친구 관계에 목표는 없다. 하지만 애인 관계에는 결혼 혹은 완전한 사랑이라는 목표가 있다. 오르막을 올라가야 하는 관계가 애인 사이다. 따라서 상대방의 호의와 친절은 신뢰로 쌓이기보다는 기대의 상승을 낳는다. 얼마나 많이 잘해 주었는가보다 전보다 더 잘해 주고 있는가가 더욱 중요하다. 애정의 총합이나 장기적 추이보다는 단기적 추이가 중요한 것이다.

초기의 질풍노도를 지나 애인 관계가 안정기에 접어들었다면 이제 단기적 추이보다는 총 가치를 중요시하는 편이 합리적이다. 은행 잔고는 언제 얼마가 들어왔는가에 상관없이 많이 남아 있는 편이 좋은 것이다. 따라서 전체적으로 상대가 당신에게 잘해 준다면 잠시 무심하거나 형편없이 구는 것은 눈감아 줄 필요가 있다. 현명한 애인 관계를 위해서는 총합에 주목해야 한다.

　여기서 신뢰를 너무 기계적으로 적용하는 어리석은 짓은 피해야 할 것이다. 친구 관계만큼이나 애인 관계도 공동체 관계이며, 기계적인 계산은 열정과 사랑을 떨어뜨리는 지름길이다. 인간관계는 크게 교환 관계와 공동체 관계로 구분할 수 있다. 교환 관계는 호혜주의가 기계적으로 작동하는 계산적 관계이다. 내가 한 번 잘해 주면 네가 한 번 잘해 주어 계산의 균형을 맞추는 관계인 것이다. 이 관계에서는 충성심과 열정을 기대할 수 없다.[23] 데이트에서 내가 근사한 밥 한 끼 부담했으니 최소한 굿바이 키스 정도는 해줄 수 있지 않느냐고 불평한다면 관계는 그 자리에서 파탄 난다. 내가 이만큼 했으니 너도 이만큼 하라는 식의 태도는 관계에 큰 상처를 입힐 수 있다. 한 번 진 꽃이 다시 피기 어렵다(낙화난상지落花難上枝)는 말처럼 남녀 관계에서 사랑하는 마음은 한 번 꺼지면 다시 붙이기 어려운 장작불이지 재점화하기 쉬운 가스 불이 아닌 듯하다. 특히 연애 초기의 연인은 조심해야 한다. 맑은 물은 구정물 한 방울만 떨어져도 아무도 마시려 하지 않는 더러운 물로 변해 버린다. 더러워진 구정물에 아무리 맑은 물을 부어도 물은 다시 맑은 물로 변하지 않는다.

특히나 한 번 잘한 것과 한 번 못한 것은 같다는 계산법은 완전히 틀렸다. 우리는 은혜와 사랑보다 원한과 미움에 훨씬 강하게 반응한다. 생존을 갈구하는 우리의 마음은 부정적인 것에 강하게 반응하도록 만들어져 있다. 전두엽을 거치는 일반적인 정보와 달리 부정적인 정보는 편도체와 직접 연결된 지름길을 통해 빠르게 전달된다. 그래서 숲에서 나는 이상한 소리를 들으면 그 실체를 분명히 인지하지 못한 상태에서도 몸을 움츠리고 도망갈 준비를 한다. 이 인지의 지름길은 정상적인 경로에 비해 심지어 2초 정도 빠르다. 원시사회에서 우리 선조의 목숨을 좌우할 수 있을 만큼 충분히 긴 시간이다. 이렇듯 우리는 부정적인 것에 강하게 반응하도록 진화하였다. 칭찬과 사랑보다 비난과 미움을 더 오래 기억하고 되새기므로 과학계는 칭찬과 비난의 비율을 5대 1로 유지할 것을 조언한다.[24]

신뢰를 쌓고 사용하는 데도 신중해야겠지만 사랑싸움은 더욱 조심해야 한다. "남에게서 받은 은혜는 깊어도 갚지 않으면서, 원한은 얕아도 갚는다"는 『채근담』의 말처럼 사람은 자신이 받은 피해에 강하고 민감하게 반응한다. 나에게 아픔을 주었으니 너에게 돌려주겠다는 마음은 잘못을 바로잡기보다 갈등을 심화시킨다.

질풍노도기의 남학생 둘이서 이상한 놀이를 한다. 주먹으로 등을 한 방씩 돌아가며 때리는 것이다. 웃으면서 시작한 이 놀이는 멱살잡이로 끝날 가능성이 높다. 둘의 장난스러운 행동이 결국 주먹다짐이 되는 이유는 이득보다 손실에 더욱 민감한 심리 때문이다. 돈 100만 원을 얻는 기쁨보다 100만 원을 잃는 슬픔이 훨씬 크다. 누구에게든 다음의 도박을 제안해 보면 이 사실을 쉽게 확인할 수 있다. 동전을 던져 앞면이 나오면 당신이 100만 원을 얻고 뒷면이 나오면 70만 원을 잃는 내기가 있다. 경제적으로는 내기를 하는 것이 합리적인 선택이다. 하지만 대다수는 이 도박을 포기한다. 심리적인 이유 때문이다. 100만 원을 얻을 때 느끼는 기쁨보다 70만 원을 잃을 때 느끼는 아까움이 더 크다. 이러한 심리가 싸움에 그대로 적용된다. 나는 100의 느낌으로 때렸지만 상대는 100보다 높은 정도, 예를 들어 120 정도의 고통을 느낄 가능성이 높다. 때린 나는 이득을 경험하는 상태이고 맞는 사람은 손실을 경험하는 상태이기 때문이다. 그리고 상대는 자기 차례가 되었을 때 120의 느낌으로 나를 가격할 것이다. 이러한 상승 작용을 거치면서 장난이 싸움

으로 바뀐다.[25]

손실에 대한 민감성으로 인해 태생적으로 우리는 공평할 수 없다. 자신이 준 상처보다 자신이 받은 상처를 더 깊고 아프게 느낀다. 그러니 받은 만큼 돌려주는 한비자의 보원이원報怨以怨 대신 잘못을 바로잡는 공자의 보원이직報怨以直이 더 타당하다. 아픔을 돌려주는 대신, 사랑하는 이의 잘못을 보원이직의 태도로 바로잡아야 한다.

● **기대 수준을 조정하라** ●

사랑하는 사이에 밀고 당기기, 즉 밀당은 필수적이다. 친구 관계와 달리 애인 관계는 기대가 상승할 수밖에 없는 사이이기 때문이다.

일반적으로 우리는 인간의 적응성 때문에 밀당이 필요하다고 이야기한다. 그렇다. 무작정 사랑하는 것보다 밀당을 하는 게 나은 이유는 우리가 사랑하는 대상이 이기적이고 쉽게 싫증 내는 못된 구석이 있는 인간적인 인간이기 때문일 것이다. 인간은 평균과 변화에 민감하지만 총합에 둔감하며, 새로운 환경에 빠르게 적응한다. 아마도 우리가 그렇게 진화해 왔는지 모른다. 수풀 속에서 뛰쳐나오는 맹수를 피하려면 정적을 깨는 소리와 흔들리는 나뭇가지에 주의를 집중해야 했을 것이다. 그래서 우리는 어려움도 견디지 못하지만 즐거움에도 오래 머물지 못한다.[26] 상대에 적응하고 나면 우리는 상대의 헌신을 자신의 권리로 인식한다. 감사하는 대신 싫증을 내다가 헌신이 약해지면 화를 낸다. 이를 미연에 방지하기 위해 밀당이 필요한 것이다.

또 다른 측면에서 밀당은 학습심리에서 말하는 변동 강화 계획variable reinforcement schedule을 닮았다. 변동 강화 계획이란 원하는 반응이 나타날 때마다 보상을 주지 않고 불규칙하게 보상을 주는 것을 말한다. 문자 메시지를 간단하게 보내다 가끔씩 긴 문장의 메시지를 보내는 식이다. 보상 스케줄이 불규칙할 경우 개인은 언제 보상이 올지 모르기 때문에 전전긍긍한다. 보상을 받을 때까지 보상을 받을 수 있는 행동을 열심히 한다. 지하철 이용자는 느긋하게 지하철 역으로 걸어가지만, 교통 체증으로 불규칙하게 오는 버스를 타고 출근해야 하는 사람은 정류장으로 걸음을 재촉하는 것과 마찬가지다. 불규칙한 보상 때문에 느끼는 초조함을 상대에 대한 자신의 깊은 관심으로 규정하고, 사랑한다는 확신을 더욱 강하게 갖게 된다.

더 근본적으로 밀당은 비교·대조 효과를 유발한다. 우리는 세상 만물을 비교를 통해 인식할 수밖에 없다. 억겁의 세월을 상상할 수도 없고 빛을 눈으로 직접 볼 수도 없으며 대륙의 움직임을 감지할 수도 없다. 심지어 그렇게 입에 오르내리는 지구온난화마저도 제대로 느낄 수 없다. 우리 머리에는 막대 자가 없다. 다른 대상과의 비교를 통해서만 그 정도와 깊이를 인식할 수 있다. 얼마나 행복한지, 얼마나 불행한지, 얼마나 잘났는지, 얼마나 매력적인지 등은 누구 혹은 무엇과 비교하는가에 달려 있다. 추상적이고 애매모호한 특성을 지닌 사랑은 더욱 그러하다.

그런데 우리는 가능한 대안을 모두 고려하여 비교하지는 않는다. 그 상황에 주어진 것만을 고려한다. 홀로 떠난 여행에서 우연히 만난 동행과의 짧은 로맨스도 국지적 비교라는 함정에 빠져 있다. 여행지에서 만난 인연을 한국까지 끌고 오는 순간 비교 대상이 달라지고 로맨스는 대부분 산산조각이 난다. 자신감 넘치던 전교 1등이 서울대학교에 입학해서 움츠러드는 이유도 마찬가지다. 고등학교 3년 내내 전국 고등학생과 자신의 성적을 비교했지만 서울대학교에 입학하는 순간 이들의 비교 대상은 서울대학교 학생으로 한정된다.

비교는 조작 가능하고, 우리는 스스로 국지적 비교에 빠져 있다는 사실조차 인식하지 못한다.[27] 당신은 매장의 물건을 둘러보면서 자신이 상당히 주체적인 소비자이자 관찰자라고 생각하지만 이는 정말이지 착각이다. 매장 관리자가 당신의 관찰과 비교를 이미 조작해 놓았기 때문이다. 매장 앞에 한 개에 5천 원이 넘는 사과가 진열되어 있다. 얼마나 사과가 맛이 있고 누가 과연 이 사과를 살까 궁금해하며 매장 안으로 들어간다. 매장 안쪽 과일 코너에 진열된 4천 원짜리 사과는 이제 적당한 가격인 것처럼 보인다.

『이솝 우화』의 토끼처럼 비교 대상이 달라지면 세상이 완전히 달라 보인다.

자신의 삶이 불안정하고 두려움으로 가득 차 있다고 슬퍼한 토끼들이 스스로 목숨을 끊고자 연못으로 달려갔다. 그런데 이 소동에 놀란 개구리가 연못으로 황급히 뛰어들었다. 이에 토끼 한 마리가 "멈추시오, 전우들이여! 여러분 자해하지 마시오. 여러분도 보시다시피, 우리보다 더 겁 많은 동물도 있소."[28]

밀당은 사랑의 정도를 아래에서부터 천천히 끌어올

리는 기술이기도 하다. 애인 관계에서는 사랑의 총량이 아니라 전반적 추이가 중요하다. 따라서 초반에 너무 빨리 올라가 버리면 나중에 곤란해진다. 페이스 조절에 실패한 마라톤 선수가 중간에 기권하듯 말이다. 밀당은 당기고 밀면서 상승의 페이스를 조절한다.

> 은혜는 마땅히 옅음에서부터 짙음으로 나아가야 하니, 먼저 짙게 하고 뒤에 옅게 하면 사람들은 그 은혜를 잊어버린다. 위엄은 마땅히 엄격함에서부터 관대함으로 나아가야 하니, 먼저 관대하게 하고 뒤에 엄격하게 하면, 사람들은 그 혹독함을 원망한다.[29]

『채근담』의 지혜는 '츤데레'라는 신조어를 생각나게 한다. '츤데레'는 거칠고 모질게 대하면서도 결정적인 순간에 상대에게 도움을 주는 사람을 말한다. 츤데레에 감동하는 이유는 우리가 단기적 추이에 민감하기 때문이다. 『채근담』의 지혜를 다음 페이지의 그래프로 새롭게 논의할 수 있다. 두 그래프의 면적은 동일하다. 만약 경제학에서 말하는 합리적 인간이라면 이 둘은 동일해야만 한다. 통장에 돈이 어떻게 들어오는가는 중요하지 않다. 지금까지 얼마나 돈이 들어왔는지가 중요하다. 하지만

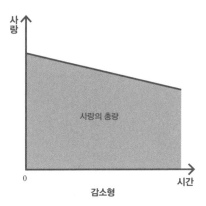

사랑

사랑의 총량

0   시간

감소형

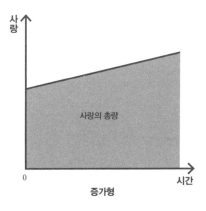

사랑

사랑의 총량

0   시간

증가형

감소형 사랑과 증가형 사랑

사람은 은행 잔고와 다르다. 어떻게 진행되는지가 지금까지 받은 사랑의 총량보다 중요하다.[30] 증가형에서 행위자는 더 큰 즐거움을 취한다.

심지어 애인에게 더 많은 돈을 쓰고도 낭패를 볼 수 있다. 기념일을 맞이한 연인을 상상해 보자. 갑은 100일에 50만 원짜리, 200일에 30만 원짜리 선물을 준비했다. 을은 100일에 20만 원짜리, 200일에 30만 원짜리 선물을 준비했다. 애인이 경제학에서 말하는 합리적 인간이라면 분명 갑의 경우를 선호해야 한다. 하지만 우리 인간은 총합이 아니라 증감에 민감하다. 이 경우 갑보다 을에서 더 큰 행복감을 느낀다.

총합에 둔감하고 변화에 민감하다는 사실을 통해 우리는 왜 억대 연봉의 프로 스포츠 선수가 몇 백만 원의 유혹에 무너지는지를 이해할 수 있다. 보통의 인간은 자산 총액으로 경제 문제에 접근하지 않는다. 단기적 추이에 주목한다. 몇 억 원의 은행 잔고는 익숙해져 버린 상태이다. 이러한 상황에서 승부 조작을 통해 얻은 500만 원은 아마도 '충분히 감각적으로 느낄 수 있는 차이just noticeable difference'가 된다.

주식시장에서 개미 투자자들의 손절매는 우리가 추이를 어떻게 인식하는지를 보여 준다. 개미 투자자들은 주가가 오를 때는 팔지 않고 내렸을 때 판다. 주가가 상승 국면에서는 계속 오르고 하락 국면에서는 내릴 것으로 기대하는 인식 편향 때문이다.

추세가 지속될 것으로 기대하는 인식 편향이 바로 토크빌Alexis de Tocqueville이 지목한 프랑스 혁명의 원인이다. 프랑스 민중의 형편이 나아지는 가운데 급진적인 프랑스 혁명이 발생했다. 상황이 나아지는데도 왜 민중들의 불만은 더욱 커지는가? 상황이 나아지면 민중들은 나아진 현실에 감사하고 만족하기보다는 더 나아질 것이라는 기대를 한다. 상황이 개선될 때 현실의 개선 속도보다 더 빠르게 민중의 기대가 상승하면서 현실과 기대의 괴리가 발생하는 것이다. 특히 개혁이 일시적으로 좌초되어 상황이 악화되는 순간이 집권 세력에게는 매우 위험하다. 기대와 현실의 괴리가 극대화되기 때문이다.[31]

이렇듯 기대 수준에 따라 주관적 평가가 달라지기에 우리는 애인 관계에서 기대가 무작정 빠르게 상승하는 것을 밀당으로 막을 필요가 있다. 조금씩 당기고 가끔씩 밀어준다면 기대의 상승 속도를 조절할 수 있을 것이다.

2

싸움의 고수

남녀 관계만큼이나 우리의 흥미를 끄는 일상의 경험이 싸움이다. 이 장에서는 왜 싸우는지, 어떻게 싸워야 하는지, 혹은 어떻게 싸움을 피해야 하는지를 묻고 다양한 측면에서 이에 답한다. 여기서 다루는 싸움 역시 극히 일상적이다. 멱살잡이, 부부 싸움, 자신과의 싸움, 어머니와 아들의 갈등, 복도에서의 기 싸움, 수업에서 팀 프로젝트 갈등, 남녀의 헤어짐 등 주변에서 흔히 접하는 다툼을 고찰한다. 여기서도 일상의 경험을 그냥 지나치지 않고 묻고 또 묻는다. 그리고 물음에 대한 답은 상식과 당위의 강변에 있지 않고 예리한 관찰과 함께 사회과학의 학습에 있다는 사실을 보여 주고자 한다. 또한 매우 일상적인 싸움의 경험을 상식의 수준을 한 발짝 넘어 분석함으로써 상아탑을 벗어난 사회과학의 실용성을 증명하고자 한다.

먼저 멱살잡이와 신혼부부의 싸움을 다룬다. 멱살잡이는 대체로 주먹다짐으로 비화하지 않고 멱살잡이로 끝나며, 부부 싸움은 권태기가 아닌 신혼 때 주로 일어

나는데, 여기에는 지피지기와 오만이라는 요인이 작용
한다. 갈등과 협상의 정치학 이론으로 지피지기의 실패
와 다툼을 다루고, 결국 일시적 흥분만큼이나 이익과 비
용을 따지는 합리적 계산이 다툼의 원인이라는 관점에서
싸움의 전개 과정을 이야기한다.

두 번째 소주제로 과거에 고시생들이 공부를 위해
산으로 간 이유를 분석한다. 왜 고등고시를 준비하는 고
시생은 굳은 결심을 안고 산이나 섬으로 갔을까? 고시
공부는 자신과의 싸움이다. 자신과의 싸움은 결국 굳은
결심을 지키는 것이다. 이와 관련하여 약속을 지키도록
유인하는 제도를 연구한 정치학과 행동경제학 이론을 살
펴본다. 사실상 이들 연구는 결심을 더욱 강하게 하기보
다는 그것을 지킬 수밖에 없도록 자신을 구속하는 방식
에 집중하고 있다. 결국 고시생이 산으로 간 것은 참으
로 타당한 전략인 셈이다. 한편 그리스 신화의 영웅 오
디세우스가 구사한 자기 구속 전략 또한 살펴본다.

이어서 사랑에 빠진 자식과 이를 반대하는 부모 간

의 다툼을 살펴본다. 사랑에 빠진 아들과 어머니의 갈등이 심각한 지경으로 발전하는 경우가 왕왕 있다. 이를 감정과 이성의 대결이라는 각도에서 이야기해 본다. 아들이 감정이라면 어머니는 이성이다. 불행히도 많은 경우 이성은 감정과의 싸움에서 패배한다. 헌법 관련 연구는 이성이 감정을 이기는 핵심 기술로 '시간 끌기'를 제안하고 있다. 이 연구를 바탕으로 어머니의 현명한 개입 방법을 제안해 본다.

네 번째 소주제로 길을 걸어가면서 느끼는 스트레스를 다룬다. 좁은 길을 걷다 보면 우리는 좀비들을 많이 만나게 된다. 고개를 떨구고 스마트폰을 보면서 걸어오는 이들이다. 우리는 어쩔 수 없이 길을 내어준다. 이와 비슷한 스트레스를 학생들은 수업 과제를 수행하면서 느낀다. 이른바 팀 프로젝트를 할 때면 항상 몇 명만이 죽어라 열심히 한다. 이를 상대방에게 공을 넘기는 선수先手치기의 기술로 살펴본다.

마지막으로 화장실 들어갈 때와 나올 때 달라지는

변덕스러운 마음을 이야기한다. 상황에 따라 인식의 프레임이 달라지고 이로 인해 상황에 대한 판단이 시시각각으로 바뀌면서 의도치 않은 배신을 한다. 이러한 현상을 클럽에서의 만남에서 관찰할 수 있다. 더 거시적 현상으로 독재자의 변덕 역시 프레임의 변화로 이해할 수 있다. 이 때문에 우리는 한 수 앞을 내다보는 지혜가 필요하다.

싸움의 첫 번째 기술은 지피지기이다. 말다툼을 하던 남자들은 먼저 주먹을 날리는 대신 멱살부터 잡는다. 그리고 멱살잡이는 대개 멱살잡이로 끝난다. 구경꾼들은 선제공격(선빵)의 이점을 감안할 때 멱살을 잡을 바에야 주먹을 먼저 날리는 편이 낫지 않을까 궁금해할지도 모른다.

멱살잡이로 끝나는 싸움과 실제 주먹이 오가는 싸움의 차이는 아마도 이른바 '선빵'의 위력에 대한 각자의 믿음에 크게 좌우되지 않을까 생각한다. 주먹 한 방으로 싸움을 쉽게 결정할 수 있는 강한 주먹의 소유자는 선제공격의 유혹을 크게 느낀다. 전투에서 승패가 한 방으로 결정되는 경우는 바로 해전이다. 바다에서는 군사력이 조금이라도 앞선 쪽이 상대방을 전멸시킬 수 있다. 강력한 어뢰 한 방에 배는 침몰한다.[1]

하지만 격투기를 연마하지 않은 우리 대부분은 한 방에 상대를 완전히 제압하지 못한다. 치고받는 난타전으로 번지면 승자든 패자든 모두 상당한 대미지를 입는다. 일반인에게 주먹 싸움은 위험하고 값비싼 선택이기에 가능하면 서로 피하고 싶어한다.

불확실하고 위험한 전쟁을 누구보다 싫어한 사람이 손자이다.『손자병법孫子兵法』에서 손자는 전쟁을 둘러싼 불확실성을 최대한 없애라고 줄기차게 주장한다. 바위로 계란을 치듯(이단투란以磞投卵) 전쟁하는 것이다. 전쟁을 시작한 후 승리를 구하는 태도는 전쟁의 불확실성에 자신을 내맡기는 것으로, 생사존망의 전쟁을 대하는 태도로는 올바르지 않다고 손자는 비판하고 있다. 백전백승의 장수는 훌륭한 장수가 아니며 싸우지 않고 적을 제압하는 장수야말로 전쟁의 신(부전이굴인지병 선지선자不戰而屈人之兵 善之善者)이라고 손자는 칭송한다.

여기서 싸움을 스포츠에 비유해 보자. 주먹싸움은 과연 축구일까 농구일까? 축구와 농구는 경기 전 승패의 불확실성 정도가 서로 다르다. 손으로 공을 집어넣는 농구에 비해 발로 공을 차 넣어야 하는 축구가 훨씬 불확실성이 높다. 다시 말해 축구 경기에서는 실력 차이에도 불구하고 운이 좋으면 약팀이 강팀을 이길 수 있다. 군사기술의 발전으로 인해 현대 전쟁에서는 불확실성이 많이 약해졌다. 더 이상은 백병전 등에서 요구되는 용감성이나 전투성 같은 인간적 자질이 중요하지 않다. 하지만 원거리 정밀 타격 무기가 도입되기 전의 전쟁은 농구보다는 축구에 가깝다. 즉 힘의 차이가 있더라도 힘이 약한 쪽 역시 힘의 상대적 크기만큼 승리할 가능성이 있다고 볼 수 있다. 다윗이 승리한 데는 철저한 계산과 정교한 준비가 작용했다는 흥미로운 분석이 있지만 여전히 그의 돌팔매는 싸움에서 우연이 발휘하는 힘을 극적으로 보여 준다.[2]

멱살잡이는 탐색전이다. 멱살을 잡고 서로를 흔들어보면서 투지, 기술, 힘 등을 비교하고 각자의 승산을 서로 공유한다. 멱살잡이로 양쪽 모두 승산이 가늠되면 싸움을 피할 수 있다. 승산에 맞추어 한 조각의 떡을 나누어 가지면 된다.[3]

그런데 한쪽이라도 승산을 잘못 가늠하면 싸움을 피하기 어렵다. 특히 오만이 계산을 방해한다. 오만한 자는 자신의 승리를 과신한다. 오만한 자들끼리 만날 경우 양쪽 모두 자신이 쉽게 이길 것이라고 생각한다. 이 경우 양쪽 모두를 만족시킬 수 있는 협상은 애당초 불가능하다. 촌철살인의 이솝도 전쟁의 원인이 오만에 있다고 본다.

모든 신들이 저마다 제비로 뽑은 여자와 결혼했다. 전쟁은 마지막 제비를 뽑게 되어 있었다. 그러나 남은 것은 오만뿐이었다. 전쟁은 오만을 몹시도 사랑하여 결혼했다.

그래서 전쟁은 오만이 가는 곳이면 어디든 따라다닌다.[4]

　싸움이 벌어지면 주로 주위 사람들이 당사자를 오만하게 만든다. 선거를 예로 들어보자. 아내는 선거에 나가지 말라고 말리지만, 주위의 충성파와 아부꾼들은 이번 선거에서 당신이 꼭 이길 것이라 힘주어 말하고 당신의 이름을 연호한다. 당신의 승리를 공공연히 의심하는 자는 이미 주위에 없다. 오늘 아침 눈을 뜨면 떠오르는 이미지는 당신을 열심히 따라다니는 열성 지지자들의 환호와 확신이다. 선거전에 뛰어든 후보자들이 선거 다음 날 자신의 패배에 놀라는 이유가 여기에 있다. 매일같이 자신을 열렬히 지지하는 자를 만났고, 자신과 악수하는 유권자의 덕담을 들었다. 그러면서 자신이 반대편 지지자들을 보지 못했다는 사실은 아예 인식하지 못한다. 이처럼 실제 현실의 분포와 빈도 대신에 자신이 듣고 본 것만을 고려하여 사건의 확률을 계산해 버리는 것을 가용성 어림법availability heuristics이라고 하는데, 정치인은 대표적인 가용성 어림법의 제물이다.

　여기 오만한 자들이 또 있다. 신혼부부이다. 연애의 기억 속에서 상대방의 부드러움과 사랑을 믿으며 각자는 상대를 압도할 수 있다고 믿는다. 신혼부부가 싸우는 원인이 여기에 있다.

제대로 싸워본 적 없는 그들은 이제 누가 얼마나 공동체 생활에 기여했느냐, 기여할 것인가를 놓고 한 판 논쟁을 벌인다. 각자의 기여도를 객관적으로 기록하는 장치는 없다. 일주일 전 자신이 방을 청소한 것은 쉽게 기억나지만 이틀 전 상대가 설거지를 한 것은 기억나지 않는다. 자기 위주로 기억하기 때문에 양쪽 모두는 자신이 공동체 생활에 훨씬 더 많이 기여했다고 주장한다. 이제 서로의 기억을 바로잡아 가면서 누가 얼마만큼 공동체 생활에 기여할 것인가에 대한 본격적인 흥정과 갈등이 시작된다.

그런데 협상과 타협 대신 싸움이 일어난다. 오만하기 때문이다. 신혼 때 부부 싸움이 많은 이유는 본인과 배우자의 전투력, 즉 의지와 참을성과 강성에 대한 상호 인지가 부족하기 때문이다. 연애 기간에는 서로의 전투력을 측정해 볼 기회가 없었다. 오히려 연약하고 부드러운 모습만을 상대방에게 보여 주었다. 그리고 아마도 애인 관계가 부부 관계에 비해 훨씬 깨지기 쉽다는 취약성을 염두에 두어 남녀는 부부 싸움에서 흔히 볼 수 있는 상당히 격한 수준의 말다툼을 하지 않았는지도 모른다. 여하튼 연애의 아름다운 기억을 아전인수 격으로 해석하면서 각자는 부부 싸움에서 자신이 압도할 것이라는 착각에 빠진다. 둘 다 자신의 전투력을 과신해 오만한 상태이다. 이 때문에 둘은 양보와 타협 대신 싸움을 시작한다.

몇 번에 걸친 싸움 끝에 힘의 차이가 분명해진다. 마침내 평화가 찾아온다. 전쟁사에서 알 수 있듯이 대전 뒤에는 오래도록 평화가 유지되는 법이다. 그리고 귀가 시간, 가사 분담 비율 등이 승리자에게 유리하게 정해진다. 이러한 합의들은 암묵적이든 명시적이든 간에 가정의 평화와 함께 오랫동안 지속된다.[5]

하지만 힘의 배분 상태가 변하면 부부는 다시 큰 싸움을 벌인다. 이는 세력 전이 이론power transition theory을 닮았다.[6] 세력 전이 이론이란 국제정치에서 대국 사이의 세력 관계 변동이 대전을 가져온다는 이론이다. 시간은 모든 것을 바꾸고 특히 힘의 관계를 변화시킨다. 힘센 자가 약해지기도 하고 약한 자가 강해지기도 한다. 국제정치에서는 후발 국가의 급속한 산업화와 통일 등이 세력 관계 변동의 주요 원인이었다. 부부 사이에는 출산, 승진, 실직, 호르몬 변화 등이 주요 원인이 될 것이다. 힘의 배분 상태가 자신에게 유리하게 바뀌었다고 믿을 경우 약자는 공공연히 도전을 감행할 것이고 기존의 강자는 자신의 지위를 고수하기 위해 저항할 것이다. 여기서 다시 한 번 싸움을 통해 힘의 상대적 배분 상태를 서로 확인한다. 승패가 바뀌면 새로운 질서가 구질서를 대체한다.

지금 당장 구속하라! 당신 자신을

싸움의 두 번째 기술은 자기 구속이다. 이는 의지의 문제와 관련이 있다. 의지는 시간이 가면 약해진다. 기氣는 아침에 충천해 오후에는 강한 상태로 유지되다가 저녁이 되면 꺾인다. 그래서 손자는 저녁에 적을 공격하라 조언한다. 삼십육계 중에도 인간의 의지가 시간이 갈수록 약해진다는 점을 응용한 전략이 있다. 욕금고종欲擒故縱이라는 전략으로, 포위된 적을 당장 공격하는 대신 도망갈수 있도록 놓아주었다가 잡는 것을 말한다. 퇴각하는 적군은 처음에는 강력한 의지를 지니고 완강히 저항하지만 시간이 지나면서 처음 품었던 단단한 마음은 약해지는데, 이때를 노려 적을 잡는 것이다.

오늘 당신은 굳은 결심을 한다. 친구들이 술 한잔하자고 해도 단호히 뿌리치고 도서관으로 향하는 자신이 자랑스럽다. 하지만 몇 달 후 당신은 노래방과 술집의 유혹을 이기지 못할 것이다. 지금은 의지가 굳어 어떠한 유혹도 계속 이겨낼 것이라 생각하지만 이는 현재의 착각일 뿐이다.

의지와 결의가 충만한 오늘의 자아와 지쳐버린 내일의 자아가 서로 갈등하고 속고 속이면서 공존한다. 대개 오늘의 자아는 내일을 생각하며 오늘 굳은 결심을 하지만 이는 많은 경우 자기기만으로 끝난다. 내일의 자아는 오늘의 자아를 비웃으며 눈앞의 유혹에 굴복하고 음주가무를 즐긴다. 내일의 자아를 과신하고 내일의 상황을 제대로 예상하지 못한 오늘의 자아의 잘못이다.

오늘의 결기와 결의가 가시고 내일이 오면 우리는 눈앞의 욕망과 감정에 굴복하여 장래의 더 큰 이익을 희생한다. 묘기를 펼치고 몇 시간 아니 몇 분이 지난 후 바나나를 주면 원숭이는 지금 당장 조련사의 명령과 부탁을 들어주지 않는다. 그때 주는 바나나가 자신이 펼친 묘기 때문이라는 사실을 자각하지 못하기 때문이다. 정도의 차이가 있을 뿐 우리는 원숭이와 크게 다르지 않다. 원숭이처럼 우리도 보상이 몇 달 심지어 몇 년 뒤에 올 경우 행위와 보상을 연결하지 못한다. 그래서 미래의 성공이 아니라 당장 즐거움을 주는 행위에 끌리게 마련이다. 눈앞의 유혹에 약한 자아를 이기는 것이 어렵기에 노자는 자신을 이기는 사람을 진정 강한 사람으로 규정한다.[7]

사실 흥분한 자신을 이길 만큼 강하기는 거의 불가능하다. 깊은 호수처럼 고요할 때 우리의 이성은 합리적이며, 장기적 이익을 계산하여 우리에게 명령한다. 그리고 우리는 이에 따라 선택하고 행동한다. 하지만 가끔씩 요동치는 감정 앞에 이성은 속수무책이다. 감정은 코끼리요 이성은 코끼리 등 위의 기수에 불과하다. 코끼리가 흥분하여 이리저리 달리면 기수는 그저 고삐만 잡고 있을 뿐이다. 흥분한 코끼리를 조정하는 것은 가당치 않다.

의지와 감정만이 문제가 아니다. 계획에는 미래의 수많은 일상이 빠져 있다. 멀리서 친구가 찾아와서 인생 상담을 요청할 수도 있고, 월드컵 축구 경기에서 한국 국가대표 팀이 예상외로 크게 선전할 수도 있다. 오늘 미래를 계획할 때 뜻밖의 사태는 전혀 고려되지 않는다. 이를 염두에 두고 계획에 충분히 여유를 두는 사람은 현자임에 틀림없다. 당연히 어긋나는 게 계획이다. 그것도 아주 많이 어긋난다. 개인적 계획이 이러한데 일정과 소요 예산을 훨씬 벗어난 호주의 오페라 하우스 공사 건은 그리 놀랄 일도 아니다. 그런데 우리는 계획이 반드시 어긋난다는 생각을 하지 못한다. 의지와 용기로 가득 차 현재 눈에 보이는 것만을 보고 그것만이 미래에 존재하는 양 착각하기 때문이다.[8] 지금 마음속에 떠오르지 않은 생각들에 대해 떠오르지 않았음을 인식하는 것은 불가능하니 말이다. 출석하지 않은 사람 손들어 보라는 질문이 우스운 이유와 마찬가지다.

그럼 의지가 약해지고 미래를 잘못 예상하는 자기 자신과는 어떻게 싸울 것인가? 여기서 우리는 손자의 가르침을 음미해 볼 필요가 있다. 손자는 『손자병법』「군형軍形」 편에서 "뛰어난 장수는 패배할 수 없도록 자신을 위치시킨 후 적의 패착을 놓치지 않는다. 고로 승리하는 군대는 먼저 승리를 구한 후에 전쟁을 한다. 반대로 패배하는 군대는 먼저 전쟁을 일으킨 후에 승리를 구한다"[9]라고 이야기한다. 바로 이것이다. 상대방과의 싸움에서처럼 자신과의 싸움에서도 우리는 이길 수밖에 없는 상황에 자기 자신을 놓아야 한다.

오늘의 자아는 미리 몇 수 앞을 내다보는 바둑의 정신을 배워야 한다. 몇 수 앞을 생각하는 현명한 고시생은 오늘 산으로 가야 한다. 배편이 적은 섬이면 더 좋겠다. 예상 못한 일상의 소소한 방해물에 흐트러지지 않도록 미래의 자아를 사전에 구속하기 위해서다. 행위는 의지와 기회가 있을 때 가능하다. 현재의 자아가 미래의 자아의 의지를 통제할 수는 없다. 하지만 미리 기회를 제거함으로써 그 행위능력을 구속할 수는 있다. 산이나 섬으로 감으로써 유흥의 기회를 사전에 차단하는 것이다.

이는 오디세우스가 세이렌의 노래를 듣기 위해 취한 전략과 일맥상통한다. 아름다운 노래를 듣고 싶지만 노래에 취해 배를 절벽으로 몰까 두려워 그는 자신을 돛대에 묶었다. 그리고 사공들에게는 귀에 촛농을 떨어뜨려 노래를 듣지 못하도록 미리 조치했다. 약간은 이기적이지만 현명한 조치 덕분에 오디세우스는 아름다운 노래를 즐기면서 강을 안전하게 건널 수 있었다. 자신을 돛대에 묶어버림으로써 현재의 오디세우스가 미래의 오디세우스를 살린 것이다.[10]

산이나 섬으로 가지 않고 다른 처방을 할 수도 있다. 삼일마다 작심삼일을 하자는 말처럼 주기적으로 결심을 일깨우는 것이다. 그러려면 외부 자극이 필요하다. 가령 학원비를 한꺼번에 납부하는 대신 분할하여 납부하면 좋을 것이다. 학원비를 지불한 후 몇 주 동안은 작심이 유지되기 때문이다. 한 달씩 내면 학원을 빼먹을 때마다 학원비를 버렸다는 느낌이 강하게 든다. 몇 달 치를 한꺼번에 내버리면 한 달쯤 지난 다음부터는 수업에 빠져도 돈을 아까워하지 않는다. 본전 생각이 약해진다. 소비와 지불이 분리decopupling되기 때문이다. 신용카드로 지불할 때는 쉽게 돈을 쓰지만 현금을 사용하면 조심스러워지는 것과 같은 원리이다.[11]

● 미네르바의 부엉이는 황혼에 날개를 편다 ●

그냥 내버려 두면 곧 헤어질 연인들이 주위의 반대로 사랑의 도피까지 하는 경우를 종종 볼 수 있다. 어려움이 더해지기에 서로가 더욱 가치 있게 느껴진다. 거기에 자율성을 회복하고 싶은 반항 정신까지 일어 사랑의 감정은 더욱 활활 타오른다. 그러니 사랑에 빠진 자식을 걱정하는 부모들은 더욱 조심스럽게 행동해야 한다.

매력적인 상대에게 빼앗긴 마음은 아주 강력하다. 감정이 격동하면서 이성은 이리저리 끌려다닌다. 더욱이 감정에 사로잡혀 자신이 합리적 판단력을 상실한 상태임을 전혀 인지하지 못한다. 자신의 선택과 판단에 대한 확신이 그 어느 때보다 강하다. 인생에서 이보다 더 분명한 순간은 없다고 생각할 정도이다.

이런 상태에서 젊은 남녀가 합리적 이익을 추구하는

이기적 행위자의 역할을 충실히 수행하기는 어렵다. 두 말할 필요 없이 부모의 눈에는 사랑에 빠져 중차대한 결정을 내리려는 자식이 걱정스러워 보인다.

사랑에 빠진 자에게는 외부자의 의견이 정말로 필요하다. 희망은 열정이지만 왜곡이기도 하다. 강한 희망은 하나의 눈부신 터널만 만들어내어 다른 곳을 보지 못하게 한다. 희망을 품는 순간 우리 머릿속에는 희망 사항만이 떠오를 뿐이다. 현실의 복잡성을 까맣게 잊어버리고 미래에는 희망한 일들만이 존재한다고 착각한다. 이러한 상태에 빠진 사람에게는 제삼자의 시각이 필요하다. 이때 부모만 한 존재가 없을 것이다. 자기를 가장 사랑하고 미리 인생을 경험한 부모의 조언을 구하는 것이 자식의 현명한 선택이다.

하지만 부모가 조심스럽게 개입하지 않고 무조건 완강히 반대하면, 자식의 감정은 더욱 불타오른다. 무리하게 교제를 금지하면 두 남녀는 로미오와 줄리엣이 되어버린다.

사랑이 뜨거운 시기에 가장 현명한 대처법은 아마도 시간 끌기일 것이다. 강제로 아들과 딸의 결정을 뒤집기보다는 유예기간을 두어 시간을 버는 방식이다. 연애를 허락하되 결혼은 3~4년 뒤에 하는 식으로 협상할 수 있다. 경멸과 분개 등 몇몇 경우를 제외하면 대부분의 감정은 시간이 갈수록 강도가 약해진다. 우리 몸이 열정적 사랑에 적응해 버리고 마침내 신체적 흥분은 약해진다. 열정적 사랑을 할 때 분비되는 호르몬이 우리를 행복감에 빠뜨리지만 결국에는 우리 몸이 이 호르몬에 익숙해진다. 그래서 열정적 사랑은 일시적일 수밖에 없다. 개인차가 있을 뿐 대체로 2년을 넘기기 어렵다.

우리는 감정의 강도를 사후적으로 확인할 수 있을 뿐이다. 시간이 지나봐야 사랑의 깊이를 알 수 있다. 사랑뿐이랴. 정의감에 불타는 용감한 마음 역시 닥쳐봐야 안다. 이란 혁명 당시 이란 시민의 선택을 구체적으로 살핀 어느 연구는 그날 그들의 마음이 시시각각 바뀌었다고 보고하고 있다. 사전적으로 진술된 의사는 혁명 당일의 선택과 일치하지 않는 경우가 많았다.[12]

시간은 감정의 변화를 넘어 모든 변화를 불러온다. 그중 우리가 상상한 것은 극히 일부에 지나지 않는다. 현재의 감정에 사로잡힌 우리는 감정이 인도하는 미래만을 상상한다. 그렇기 때문에 미래가 현실이 되는 순간 예상치 못한 상황에 직면하고 우리의 감정은 변하기 시작한다. 할머니, 할아버지는 손주가 올 때도 좋지만 갈 때도 좋다. 텔레비전 광고에서 손주들이 찾아와 좋아하는 노부부의 모습이 보인다. 하지만 곧 손주들의 장난으로 노부부는 급속히 힘들어진다. 노부부는 어린 손주들이 소파에서 마구 뛰어다니는 장면을 미리 상상하지 못했다. 마침내 노부부는 손주들을 기쁜 마음으로 떠나보낸다.

멀리 있는 선택은 추상적으로 인식된다. 아름답고 좋게만 보인다. 보이지 않던 모습들은 선택의 시간이 다가올수록 뚜렷이 인식된다. 손주들을 기다리는 노부부의 마음속에는 그리움, 애틋함, 설렘 등 추상적인 감정이 대부분이다. 재롱둥이 손주들의 모습만 눈에 들어오기 때문이다. 하지만 손주들이 오기 이틀 전이 되면 장보기, 방 청소하기, 친구와의 약속 취소하기 등 구체적 사항들을 점검하느라 머리가 아프다.[13]

그래서 구체적인 현실을 미리 느껴보는 것도 나쁘지 않다. 특히 남녀 관계에서 다양한 선행 학습이 가능하다. 미국에서는 장래를 약속하기 전 연인이 함께 급류에서 카누를 타보라고 조언하곤 한다. 한국에서는 미리 살림살이를 준비해 보라고 권하고 싶다. 살림살이를 같이 준비하되 반품이 가능하도록 계약하는 것이다. 이 과정에서 서로 언쟁하고 헤아리면서 연인은 다가올 현실을 미리 느껴볼 수 있을지도 모른다.

그렇지만 미리 느끼는 것보다는 시간을 끄는 편이 더욱 확실하다. 시간 끌기로 감정의 장난을 막는 예는 헌법에서도 찾을 수 있다. 헌법은 시간을 끄는 인위적 장치를 통해 열정에 휩싸인 군중의 일시적 합의로부터 사회를 보호한다. 이성의 심사숙고가 아닌 변덕스러운 일시적 흥분과 두려움에서 결정이 내려지는 것을 막기 위해 결정의 시간을 늦추는 식이다. 일례로 미국 건국의 아버지들은 다양한 시간 끌기 장치를 통해 군중의 일시적 열정과 정치인의 기회주의로부터 민주주의를 보호코자 했다. 미국 헌법은 삼권의 분립으로 정치인의 기회주의를 상호 견제토록 하고 주요 선거의 주기를 다르게 하여 일시적 여론이 삼권을 모두 장악하는 것을 예방한다. 대통령 선거는 4년마다, 하원의원 선거는 2년마다, 임기가 6년인 상원의원 선거는 3분의 1씩 2년마다 하며, 최고재판소는 종신제이다. 여론이 일시적 감정이 아니라 시민의 심사숙고한 결정일 때에만 이러한 선거 주기와 임기의 장애를 극복할 수 있다.[14]

선수의 기술, 잠수를 타다

싸움의 네 번째 기술은 선수 치기이다. 상대보다 먼저 의사소통을 단절하여 공을 상대에게 넘기는 기술이다. 다음은 의사소통의 단절로 승리한 사람들의 이야기이다.

회화를 전공하는 학생이 내 수업에 들어온 적이 있다. 열심히 듣고 이런저런 질문도 많이 하는 학생이었다. 한 번은 그에게 "예체능계 학생들은 중고등학교 때 한 번쯤 가출한 경우가 있겠지요?"라고 물었다. 예체능계가 자기표현이 강하고 반항적이라는 선입견에서 던진 질문은 아니었다.

인문사회 계열 전공 학생들 중에도 중고생 시절에 음악, 미술 등에 재능을 보인 친구들이 적지 않다. 그런데 왜 그들은 자기 꿈을 바꾸었을까? 아마도 부모의 반대 때문일 거라 예상할 것이다. 하지만 부모보다 더 무서운 존재는 바로 옆에 있는 형제자매이다. 같은 유전자를 물려받은 형제자매 역시 비슷한 재능을 가지고 있을 가능성이 많다. 그런데 보통의 가정은 자식 모두에게 음악, 미술 교육을 지원하기가 힘들다. 그래서 대개는 자식 중 한 명만 자기 재능을 마음껏 추구할 수밖에 없다.

이 경우 형제자매 간 경쟁은 치킨 게임chicken game과 비슷하다. 치킨 게임이란 자동차 2대가 마주 보며 돌진하다가 먼저 핸들을 꺾는 쪽이 지는 게임이다. 이 게임에서 승리하기 위해서는 자신의 결심이 확고하다는 믿음을 상대에게 심어주어야 한다. 고등학생 시절 자신의 의지를 가족 모두에게 확신시킬 수 있는 강력한 조치는 바로 가출일 것이다. 가출이라는 극약 처방으로 '모가 아니면 도'라는 자신의 의지를 믿게 하고, 공을 다른 형제자매에게 넘긴다. 결국 이들은 양보한다. 이런 시나리오를 상상하면서 나는 회화 전공 학생에게 동료 학생들의 가출 경험을 물은 것이다.

치킨 게임은 앞서 언급한 길거리의 좀비들에게서도 볼 수 있다. 스마트폰에 고개를 떨군 채 걸어 다니는 학생들 말이다. 좀비 현상은 좁은 골목길에서 특히 더 심해진다. 좁은 길의 맞은편에서 또 다른 좀비가 걸어오고 있다. 이 둘은 유연하게 어깨를 틀면서 충돌을 피한다. 스마트폰에 정신이 그렇게 팔려 있지는 않은 모양이다. 좀비의 치킨 게임은 이렇게 해결된다.

나는 이렇게 매일 좀비들의 치킨 게임을 바라보고 있다. 스마트폰이 없는 나는 맞은편에서 다가오는 사람을 주목하면서 걷는다. 그리고 피하는 쪽은 대개 내 쪽이다. 좀비화는 당신의 무능력, 즉 스마트폰에 정신이 팔려 앞을 보지 못하는 상태를 상대방에게 증명하는 것이다. 그래서 공을 상대에게 넘긴다. 무능력을 확인한

나는 상대의 돌진에 회피로 반응한다. 결국 나는 게임에서 패배하고 옆으로 비켜서 걸으며 화를 낸다.

위의 예에서 알 수 있듯이 치킨 게임은 나에게 유리한 방향으로 상대의 믿음을 조작하는 상당히 전략적인 심리 게임이다. 사실 우리에게 널리 알려진 죄수의 딜레마는 심리 게임이 아니다. 왜냐하면 상대방의 선택과 관계없이 자신에게 유리한 선택(자백)이 있기 때문이다. 상대방이 무엇을 선택할지 예상하거나 알 필요가 없다. 이와 반대로 치킨 게임은 상대의 선택에 대한 나의 믿음, 나의 믿음에 대한 상대의 믿음이 각자의 선택에 영향을 끼친다. 고도의 심리 게임인 치킨 게임에서 승리하기 위해서는 내가 선택을 변경할 능력이나 의사가 없음을 상대가 믿도록 해야 한다.[15]

고개를 숙인다. 자신은 이제 앞을 제대로 볼 수 없으니 알아서 피하라는 신호를 상대에게 보내는 것이다. 이제 공은 상대에게 넘어간다. 그런데 상대 역시 고개를 숙이고 있지 않은가? 이제 우리는 이 상황에 너무나 익숙하다. 고개를 숙인다고 해서 상대에게 자신의 무능력을 완전히 납득시키기는 어렵다. 이때 내가 상대를 보지 못했다고 상대가 믿도록 도와주는 훌륭한 도구가 바로 스마트폰이다. 스마트폰 덕분에 우리는 확실한 좀비가 될 수 있다.

어쩌면 우리는 자신과도 이런 치킨 게임을 하고 있는지 모른다. 영화 「어 퓨 굿 맨A Few Good Men」에 나오는 "너는 진실을 다룰 수 없어You cannot handle the truth"라는 대사처럼 우리는 진실을 힘들어한다. 진실을 아는 상태에서 거짓말을 하려면 손에 땀이 나고 말을 더듬는다. 즉 진실을 알지 못할 때 거짓말을 가장 잘할 수 있다. 진실에 접근할 수 없는 무능력이 우리를 능숙한 위선자로 만들어준다. 분리된 방 여러 개로 구성된 마음속 여기저기서 일어나는 일을 언어 기능을 전담하는 방(이른바 대변인 방)에서 정말로 알지 못한다고 보는 연구도 있다.[16]

수업에서 학생들이 행하는 치킨 게임도 있다. 바로 팀 프로젝트이다. 5인 정도로 구성된 팀이 집단 결과물을 산출하고 교수가 집단 전체를 평가하는 방식인 팀 프로젝트를 관찰해 보면, 흥미로운 규칙성을 두 가지 발견할 수 있다. 첫째, 다섯 명 모두 열심히 팀 프로젝트에 참여하는 경우는 드물다. 둘째, 팀 프로젝트 발표가 무산되는 경우는 거의 없다. 나는 이를 각각 팀 프로젝트 제1법칙, 제2법칙으로 명명한다.

팀 프로젝트에서는 과제가 제출되기만 하면 대체로 교수는 모든 팀에게 합격pass에 해당하는 학점을 준다.

그러므로 각 팀은 일정 수준에 달하는 과제를 제출만 하면 된다. 한두 명이 열심히 하면 충분하다. 그리고 팀 프로젝트에 대한 개인 성적은 팀 구성원의 기여도에 관계없이 모두가 동일하게 받게 된다. 이러한 규칙은 팀 프로젝트를 치킨 게임으로 만든다. 팀원 중 몇 명만 열심히 하여 과제를 제출하고 일부는 놀면서 학점을 챙긴다. 모두가 열심히 참여하는 상태는 안정적인 균형 상태가 아니다. 일시적으로는 모두가 참여하지만, 얼마 지나지 않아 일부 팀원이 참여를 멈추고 연락을 끊는다.

여기서 확실히 잠수 탈 수 있는 사람이 유리하다. 성공적으로 잠수를 타는 사람은 주로 제대한 복학생들이다. 이들은 짐짓 학점 따위에 관심이 없다고 목소리를 높인다. 이들의 말은 믿을 만하다. 왜냐하면 가끔씩 수업에 나타나지 않기 때문이다. 이들이 잠수를 타면 불안해진 모범생은 팀 프로젝트 과제를 내준 교수를 원망하면서 울며 겨자 먹기로 밤을 새워 과제를 수행한다.

프레임의 힘: 착각과 배신

싸움의 다섯 번째 기술은 한 수 앞 내다보기이다. 이는 배신의 위험을 감지해 배신을 피하는 기술이다.

논의를 시작하기 전에 황진이의 시조 한 편을 감상하자.

어져 내일이야 그럴 줄을 모르더냐

이시랴 하더면 가랴만은

제 구태여 보내고 그리는 정은 나도 몰라 하노라

위 시조는 연정이 얼마나 종잡을 수 없는지를 멋지게 표현하고 있다. '보내고 나면 잊겠지, 괜찮겠지' 하고 생각했지만 막상 보내고 나니 그리운 마음이 하해와 같이 밀려온다. 황진이는 이 점을 미리 예상치 못한 자신을 탓하고 있다.

우리는 오늘의 결정에 대한 내일의 느낌이 어떠할 것이라고 예상하고 이러한 예상에 입각해 오늘 엄청난 선택을 한다. 하지만 내일이 오면 오늘의 예상과는 다른 감정을 느낀다. 바로 이 순간 우리는 후회한다.[17]

보내고 후회하는 황진이의 마음과 반대로 상대를 향한 열정이 너무 빨리 식어버리기도 한다. 클럽에서 시작된 만남이 대개 그러하다. 화려한 조명과 시끄러운 음악이 있는 공간에서 서로에게 호감을 갖게 된 남녀가 데이트를 시작한다. 순수한 마음으로 시작되었지만 장기 연애로 이어지기는 어렵다. 클럽에서 만날 때의 마음과 연애를 시작할 때의 마음이 다르기 때문이다.

여자는 자유분방하다. 남자는 알면서도 여자를 만나고 있다. 남자와 여자는 아직 어느 정도 거리를 두는 사이이다. 이 때문인지 여자에 대한 남자의 마음은 열렬하다. 그런 남자의 마음에 끌려 여자는 남자와 사귀기를 결심한다. 이 순간 남자의 머릿속에는 이전에 미처 떠오르지 않던 생각이 스멀스멀 생겨난다. 아직 본격적인 연인 관계가 아닌 경우 여자의 자유분방함은 환상과 열정을 의미한다. 하지만 연인이 되고 나면 여자의 자유분방한 과거는 이제 의심과 질투의 대상이다. 남자는 자존심과 질투심으로 괴롭고, 옹졸해진 자신을 대면한다. 몇 번의 갈등 끝에 관계는 파국을 맞는다.

상황이 달라지면서 마음이 달라지는 사람이 또 있다. 독재자이다. 독재자의 변덕은 더욱 극적이다. 화장실에 들어갈 때와 나올 때처럼 말이다.

권력투쟁 초기의 마음은 화장실을 찾는 마음이다. 권력투쟁은 한 치 앞을 가늠할 수 없는 안갯속 정국이다. 미래의 독재자는 매우 초조하다. 이때 그는 누구든 가리지 않는다. 자신의 진영을 찾아준 사람을 고마운 마

음으로 받아들이고 이들에게 미래에 보상할 것을 약속
한다. 당시에는 진심일 것이다. 목숨이 걸린 급박한 상
황에서 딴마음을 먹을 정신도 없을 것이다. 그의 눈에서
절실함과 진정성이 묻어 나온다. 새로운 지지자들은 기
쁜 마음으로 충성을 다짐한다.

　권력투쟁에서는 힘의 차이가 분명하지 않으면 누가
이길지 명확히 가늠하기 어렵다. 권력의 배분 상태는 부富
만큼 분명하지 않다. 정확하고 공정하게 권력을 측정해
주는 제삼의 심판자가 없다. 힘의 차이가 아주 클 때에
만 결과가 명백하게 드러난다. 힘의 차이를 분명히 하고
싶은 마음에서도 미래의 독재자는 지지자를 자기 진영으
로 마구잡이로 받아들인다. 10대 1처럼 확실한 힘의 우
위를 확보하면 결과의 불확실성은 사라지고 반대파는 저
항을 포기한다. 부전승이다.

　이러한 이유에서 미래의 독재자는 권력을 다투는 와
중에는 자기 진영 사람 모두를 끌어안는다. 그리고 신뢰
감을 주기 위해 초반에는 약속을 충실히 지킨다.[18] 하지
만 일단 권력이 안정되고 나면 화장실에서 볼일을 끝낸
사람처럼 행동한다. 권력을 잡고 나면 그렇게 많은 사람
이 필요하지 않다. 독재 권력을 점유했다는 사실만으로
도 수월하게 지배의 업무를 수행할 수 있다. 게다가 거

대 지배 연합을 유지할 경우 논공행상의 부담도 클 수밖에 없다. 오랜 충성파의 입장에서도 거대 지배 연합 내 성원(N)이 많을수록 자신에게 돌아오는 몫($1/N$)이 작아진다.[19] 어제의 동지였지만 오늘 찬찬히 뜯어보니 그리 믿음직스러워 보이지 않는 얼굴들이 하나씩 눈에 들어온다. 독재자는 충성파를 등에 업고 자신의 호불호에 따라 논공행상과 숙청을 단행한다.

3

대학탐구생활

일상에 대한 분석의 수단은 관찰과 질문이다. 세밀하고 예리한 관찰과 이를 궁금해하는 데서 시작한다. 주의 깊게 관찰한다면 대학 수업만큼이나 대학 생활 자체가 흥미롭다. 이 장에서는 대학 생활의 몇 가지 사례를 분석하면서 사회과학적 원리를 곱씹어 보고자 한다.

대학 생활에 대한 관찰을 대학생의 술자리에서부터 시작해 보자. 술자리에서 안주가 급속도로 사라지는 상황을 살펴보면 경제학에서 말하는 공유지의 비극을 확인할 수 있다. 하지만 경제학이 전부는 아니다. 학생들 사이에 체면이 작동하는 경우 안주가 천천히 사라지기도 한다. 경제적 합리성과 체면 중 무엇이 우선시되는가에 따라 안주가 사라지는 속도가 달라진다고 할 수 있다.

수업을 관찰하는 것 역시 흥미롭다. 경제학이 밝히고 있는 인간의 기회주의를 공부한 다음 수업에서 학생들의 태도를 관찰한다면 당신의 얼굴에 미소가 떠오를 것이다. 교양 수업을 대하는 신입생들의 태도는 전공 수업에 들어온 고학년 학생들과 큰 차이를 보인다. 왜 이들의 태도는 다를까? 나는 경제학으로 이 문제에 접근한다. 합리적 행위자의 선택에 영향을 미치는 변수로 강조되는 요소가 확률과 미래에 대한 기대 수준이다. 교양 수업의 속성은 이 두 요소에 큰 영향을 미친다. 교양 수업에서 신입생들의 행위는 놀랍게도 경제학적으로 매우 합리적인 선택이라는 사실을 확인할 수 있다.

세 번째 소주제로 대학생들의 연애를 다룬다. 젊은 대학생들에게 가장 관심 있는 주제는 뭐니 뭐니 해도 연애이다. 그런데 연애는 늘 하는 사람만 하고, 그렇지 않은 사람은 짐짓 관심이 없는 듯 말한다. 왜 연애 횟수의 차이는 줄어들기보다 오히려 늘어나는 것일까? 이러한 현상을 어떻게 설명할 수 있을까? 나는 한계적 변화의 정도가 갈수록 커지는 체증 곡선과, 과거의 선택이 오늘의 선택을 제약하는 경로 의존성에서 그 이유를 찾는다.

수업을 하다 보면 당혹스러운 경우가 종종 있다. 질문을 열심히 하는 학생 중 몇몇은 가끔 단어 선택이나 말투 등에서 실수하기도 한다. 이러한 학생의 잘못에 대해 선생은 어떤 태도를 취해야 할까? 여기에 답하기 위해 다른 사람의 선택이 나의 선택에 영향을 미치는 '선택의 상호 의존성'을 고려해 본다. 학생들의 침묵을 개인의 수동성으로 돌리는 대신 학생 집단 사이의 상호작용으로 파악한다면 우리는 수업에서 질문하는 학생의 역할을 핵심 대중critical mass이라는 사회학 개념으로 이해할 수 있다. 그리고 참여 인원의 수가 점점 더 많아지는 순차적 집단행동 이론을 통해 질문하는 학생의 가치를 살펴본다.

취업 경쟁 등으로 학점이 중요해지면서 학기 말마다 그것을 둘러싸고 교수와 학생 간 갈등이 종종 발생한다. 이제 대부분의 대학에서 학점을 제한하는 제도를 운용하고 있다. 이 제도는 왜 필요할까? 나는 '죄수의 딜레마'에 근거하여 이에 답하고자 한다. 그리고 더욱 흥미롭게도 학점 제한 제도가 교수에게 불리하지 않다는 사실 또한 밝히고자 한다.

학기를 시작할 때 몇몇 학생이 찾아와 청강을 부탁

한다면 인문사회 계열 교수들은 대부분 흔쾌히 허락할 것이다. 왜 그들은 청강에 너그러울까? 이를 다시 한 번 경제학적으로 분석할 수 있다. 인문사회계열 강의식 수업을 공공재 이론에 대입하여 청강의 너그러움을 다루어 본다.

예리한 관찰은 보이는 것뿐 아니라 보이지 않은 것 역시 파악할 수 있어야 한다. 고등학교 3학년에서 대학교 1학년으로 바뀌는 순간 왕따가 사라진다. 이러한 현상을 설명하기 위해 나는 대학이라는 환경이 고등학교와 큰 차이를 보인다는 환경적 요인에 주목한다. 대학에서는 특히 학급이 사라지고, 규모는 고등학교를 훨씬 뛰어넘는다. 그리고 이러한 환경적 요인으로 인해 대학에서 왕따가 사라지는 것을 사회심리학의 집단 극화와 국가의 크기에 대한 정치경제 이론을 통해 설명한다.

끝으로 취업만이 대학의 목표인 것처럼 이야기되는 현실에 대해 평가한다. 사회심리학과 행동경제학은 내재적 동기의 위력을 증명하고 있다. 공자는 배움 그 자

체에서 즐거움을 찾고 법이 아니라 덕으로 다스릴 것을
강조했다. 공자의 이러한 생각은 오늘날 사회심리학의
핵심 이론과 맞닿아 있다. 그리고 대학이 달성해야 하는
목표는 취업의 길이 아니라 창의적 능력의 핵심인 배움
을 즐기는 태도를 심어주는 것임을 행동경제학을 통해
생각해 본다.

술자리에서 벌어지는 공유지의 비극

술자리에서 생선회를 앞에 둔 남학생들의 모습은 비장하다. 서부 영화에 나오는 총잡이들의 결투와 비슷한 느낌이다. 총 대신 젓가락을 잡았을 뿐이다. 전투가 시작되고 젓가락이 몇 번 오가는 사이에 접시 위에서 생선회는 사라진다. 왜 생선회는 빨리 없어지는가?

생선회(안주)는 탐스러운 공유지이다. 공유지는 공공재와 천양지차이다. 공공재는 비배제성과 함께 비경합성을 띤다. 구성원이 공공재를 소비하지 못하도록 배제할 수도 없지만(비배제성), 그의 소비가 다른 개인의 공공재 소비에 별다른 영향을 미치지도 않는다(비경합성). 공공재와 마찬가지로 공유지도 비배제적이다. 하지만 경합성이 있다. 즉 내가 생선회 한 점을 먹을 때마다 다른 사람들이 먹을 수 있는 양이 줄어든다. 비배제성과 경합성으로 인해 각자가 취할 수 있는 합리적 전략은 오직 하나다. 남들보다 먼저 많이 먹어야 한다. 이는 흥미로운 결과를 낳는다. 생선회는 삽시간에 사라진다. 이것이 공유지의 비극이다.

하지만 여학생들이 모인 경우는 크게 다를 수 있다. 오히려 진도가 잘 나가지 않는다. 체면을 차리느라 눈치를 보면서 천천히 먹는다. 끝내 몇 점이 남는다. 한 사람(대부분 가장 나이가 어린 학생)을 지명해서 남은 몇 점을 해결하는 경우가 많다. 체면이 공유지의 비극을 막는다.[1]

사실 남학생들 역시 공유지의 비극을 피할 수 있다. 술자리가 일회성 게임이 아니기 때문이다. 평소 친한 친구들과 십시일반하는 경우 '술 한 잔에 생선회 몇 점' 식으로 서로 암묵적 약속을 하면 된다. 생선회 한 접시가 나오고 학생들은 안주를 먹기 전에 건배한다. 소주 한 잔을 마시고 생선회를 몇 점 집어 든다. 그리고 다시 건배하고 먹기를 반복한다. 한 번 식탐을 부리면 다음번 건배에서 친구들이 제재를 가할 수 있다. 이를 우려하여 식탐을 스스로 제어한다. 그렇게 해서 오랫동안 안주를 즐긴다.[2] 혹은 주머니 사정에 여유가 생겨 회전 초밥집에서 각자 자기만의 접시(사유재)를 앞에 두고 먹을지도 모른다.

교양 수업이 어려운 이유

대학 신입생들은 겉으로 보기에 꽤 혼란스럽고 순진해

보인다. 그런데 이들 역시 비용과 편익을 계산할 줄 알고 그 결과대로 행동할 수 있는 합리적 행위자이다. 이 사실을 우리는 1학년 교양 수업에서 확인할 수 있다.

학생의 행동에 영향을 끼치는 교양 수업의 특성은 크게 두 가지로 요약할 수 있다. 첫째, 학생 수가 많다는 점이다. 둘째, 강의를 담당하는 교수가 학생들이 속한 학과의 교수가 아니라는 점이다. 이 두 요소는 학생들의 기회주의를 부추긴다.

첫째 요소를 먼저 살펴보자. 딴 짓하다 들킬 확률은 학생 수에 따라 변한다. 교수의 눈에 띌 확률을 '1/전체 학생 수'로 간단히 상정할 수 있다. 이 간단한 공식에서 알 수 있듯이 학생 수가 증가할수록 교수의 눈에 띌 확률은 줄어든다. 시위 규모가 커질수록 더 많은 사람이 시위에 참여하는 이유도 여기에 있다. 경찰에 잡히거나 총에 맞을 확률은 시위대의 규모가 커질수록 작아지며, 그래서 더 많은 사람이 시위에 참여하게 된다. 수가 수를 부른다. 수의 힘이다.[3]

1학년 학생뿐 아니라 학생들 대다수가 수강생 수에 민감하게 반응한다는 사실은 수강 인원의 변동 과정을 관찰하면 알 수 있다. 일정 수(임계점)를 넘긴 수업은 수강신청 변경 기간에 수강생의 수가 급속히 늘어난다. 그리고 늘어나는 속도가 점점 빨라진다. 그래프로 표현하면 증가하는 곡선의 기울기가 시간이 갈수록 가팔라진다.

둘째 요소는 교수와 학생 사이의 관계 지속성에 큰 영향을 미친다. 이 사람을 다시 볼 것인가 그렇지 않은가에 따라 상대방에 대한 우리의 태도는 달라진다. 다시 볼 사이라면 우리는 상대방과 우호적인 관계를 형성하고자 노력한다. 자기 하고 싶은 대로 하기보다 자신의 태도와 행동을 스스로 살핀다. 지속적인 관계에서는 오늘 조심하면 내일도 모레도 거래를 할 수 있기 때문이다. 그런데 만약 오늘 관계가 끝난다면 미래를 위해 오늘 조심해야 할 이유가 사라진다. 길에서 차를 모는 운전자들에게서 이를 쉽게 확인할 수 있다. 상대방을 배려하기보다는 자신의 편리를 위해 몰염치하고 거칠게 행동한다. 평소 얌전하고 공손한 사람이 운전대를 잡으면 태도가 돌변하는 이유 중 하나도 관계의 일회성에 있지 않을까? 미래가 없으면 규범도 사라진다.

대학생들은 관계의 지속성을 이용할 줄 안다. 이들은 대학가 주변 음식점에 들어가면서 이렇게 소리친다. "아주머니, 오늘부터 여기 단골이요." 식당 주인과의 관계를 재빨리 규정하는 메시지이다. 우리는 오랫동안 자주 올 것이니 이를 기대하고 오늘 우리에게 맛있는 반찬을 많이 달라는 말이다.

심지어 다세포 생물마저 관계의 지속성을 이해하는 듯하다. 수많은 바이러스는 우리 몸을 숙주 삼아 기생하고 있다. 평소에 이들은 우리 몸을 공격하지 않는다. 내일도 숙주에게서 양분을 뽑아 먹어야 하니 말이다. 그런데 숙주인 우리 몸이 허약해지면 숙주가 곧 죽는다고 착각하여 악의적 공격을 감행한다. 숙주가 죽기 전에 최대한 자신의 몫을 취하기 위해서이다. 그 결과 대상포진이 발생한다.[4]

역시 대학 1학년생은 훨씬 진화한 생물임에 틀림없다. 교양 수업에서 타 전공 학생과 강의 교수가 함께하는 시간은 한 학기로 끝난다. 더 정확하게 이야기하면 나중에 다른 수업을 들을 수도 있겠지만 당시 학생은 한 학기뿐이라는 기대를 하고 있다. 따라서 이들은 교수에게 나쁜 인상을 심어주는 것에 개의치 않는다.[5]

종합하면 수의 힘과 관계의 일회성으로 인해 교양 수업은 쉽지 않다. 많은 학생들 틈에서 '설마 나를 보고 있을까?'라는 생각에서 노트와 연필로 옆 친구와 필담을 나눈다. 공책에 다양한 '카톡' 용어를 휘갈기며 대화 삼매경에 빠져든다. 설사 교수에게 발각된들 어쩌리. 어차피 한 학기만 끝나면 볼 사이도 아닌데 말이다.

이와 정반대편에 고학년 전공 수업이 있다. 이제 수강생 수는 훨씬 적고 학생들은 교수와 오래 볼 사이라고 생각한다. 특히 학과에 전임 교수가 적다면 학생과 교수의 관계는 더더욱 지속적이다. 전공 학점을 채우기 위해 해당 교수의 수업을 몇 번 더 들어야 할지도 모르기 때문이다. 그들은 교수의 재미없는 농담에 열심히 반응하면서 수업에 성심성의로 임한다.

친구와 연인

주위를 살펴보면 사람들 각자가 교류하는 친구의 수는 대체로 비슷하다. 이와 달리 연애 횟수는 사람에 따라 큰 차이를 보인다. 연애 세계에서 벌어지는 이러한 부익부 빈익빈 현상에는 경로 의존성이 작용한다.

경로 의존성이란 과거의 선택이 현재의 선택을 제약하는 것을 말한다. 연애를 하는 자는 이해와 능력을 키워 계속 연애를 할 수 있는 것이다. 이해와 능력은 행위를 구성하는 근본 요소이다. 둘 다 갖추어져야 행위가 발생한다. 연애를 하면 연애가 주는 즐거움을 안다. 도파민의 세례 속에서 황홀경에 빠진다. 그리고 연애의 상

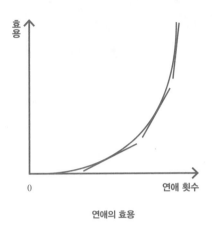

효용

0

연애 횟수

연애의 효용

실은 외로움이라는 고통을 준다. 연애가 끝나면 다시 연
애를 하고 싶은 마음, 즉 이해가 생긴다. 또한 연애를 하
면 할수록 연애의 능력이 향상된다.

어느 정도 연애를 해본 사람에게는 이 정도면 충분
하다는 생각도 들지 않는 듯하다. 식욕과 달리 연애에
대한 욕구는 한계효용이 체증marginal increasing하는 중독 현
상과 유사하다.[6] 위 그래프에서 보듯 효용 곡선의 기울
기(한계효용)는 연애 횟수가 증가할수록 커진다.

반대로 연애를 해보지 않은 사람은 연애의 능력도
없고 이해의 수준 또한 낮아 계속 연애를 못하게 된다.
압제에서 한 번도 벗어난 적이 없는 사람이 자유를 갈구하지 않는 것처럼 연애를 해보지 않은 사람은 막연한 호기심만 있을 뿐, 갈망이 없다. 그리고 무엇을 어떻게 해야 할지도 모른다.

첫사랑을 너무 기대하게 하는 마음 역시 경로를 고정한다. 시간이 갈수록 초심자는 첫사랑에 대한 기대를 키운다. 지금까지 아껴둔 첫사랑이기에 좀 더 멋진 상대를 만나고 싶다. 그러지 않으면 지금까지의 인내와 외로움은 모두 투자가 아니라 손실처럼 느껴지기 때문이다. 과거의 노력과 비용을 보상받고 싶은 마음에 자신의 눈에 꽉 차는 첫사랑을 계속 기다린다. 이는 매몰비용의 오류이다. 과거의 노력과 비용은 의사 결정 시 고려의 대상이 아니어야 하는데, 이로 인해 현재의 현명한 선택이 방해받고 있는 것이다. 과거의 투자는 모두 잊고 오늘 가장 좋은 선택을 하는 게 합리적이다. 주저하는 사람에게는 이런 조언이 필요할 듯하다. "그냥 시작하라. 첫사랑은 단지 순서상 처음일 뿐이지 않은가?"

여기서 한 가지 기억할 점이 있다. 노벨경제학상을 받은 심리학자 카너먼^{Daniel Kahneman}에 따르면 우리 인생은 기억의 자아와 경험의 자아로 구분되고 이 둘은 자주 갈등을 일으킨다. 연애 횟수가 기억의 자아를 행복하게 하지만 경험의 자아에 미치는 행복도는 불확실하다. 어떤

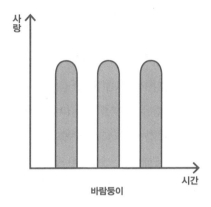

바람둥이

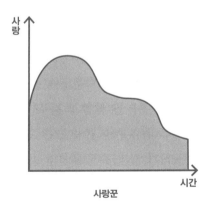

사랑꾼

바람둥이의 사랑과 사랑꾼의 사랑

사건에 대한 경험과 기억은 차이가 난다. 기억은 최고점과 끝만 저장하기 때문에 우리는 장기간에 걸쳐 느끼는 총효용을 제대로 반영하지 못한다(기억하지 못한다).[7] 짧게 여러 명을 만난 사람(바람둥이)이 술자리에서 허세를 피울 수는 있지만 행복을 가장 많이 경험했다고 말하기는 어렵다. 앞의 두 그래프를 비교하면 사랑의 총 경험은 한 사람을 오랫동안 사귄 사람(사랑꾼)이 훨씬 많다고 할 수 있다.

연애 횟수와 달리 마음 터놓고 지내는 친구의 수는 사람들마다 크게 차이가 나지 않는다. 사람들마다 친구의 수가 비슷한 현상은 한계비용과 한계효용이라는 개념으로 설명해 볼 수 있다. 우리가 친구를 한 명 더 사귀기 위해 지불해야 하는 비용(한계비용)은 기존 친구의 수와 관계없이 일정하다. 친해지려면 많은 시간을 함께 보내야 한다. 세상이 아무리 급하게 돌아가더라도 친구는 햄버거처럼 바로바로 만들어지는 게 아니다. 그래서 한 비자는 군주에게 충언을 간하려는 사람에게 경고한다. 먼저 군주와 친해져야 하고, 그러려면 군주 옆에서 많은 시간을 함께 보내야 한다고 말이다. 이렇듯 친구 한 명을 더 사귀기 위해 들어가는 비용은 기존 친구 수와 관계없이 일정하며 또한 만만치 않다.

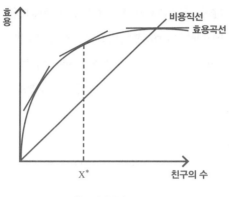

친구 사귀기의 효용과 비용

　　그렇다면 친구 한 명이 새로 생겼을 때 추가되는 효
용(한계효용)은 어떨까? 친구가 아예 없거나 한두 명밖에
없는 상황에서 친구 한 명이 새로 생기면 큰 위로와 용
기를 얻을 것이다. 하지만 자신의 가치와 진정성을 믿어
주는 친구가 어느 정도 있다면 이야기는 달라진다. 이제
친구가 한 명 더 생긴다고 해서 나의 자존감이 급상승하
지는 않는다. 친구가 많아질수록 새로 생긴 친구에게서
얻는 효용(한계효용)은 점점 줄어드는 것이다. 결국 친구
가 충분한 상태인 X*(효용곡선의 접선의 기울기와 비용직
선의 기울기가 같아지는 지점으로 한계효용과 한계비용이 일
치)를 넘어 새로운 친구 하나를 더 얻으려고 하면 한계비

용이 한계효용을 초과하게 된다. 친구가 많은 사람이 친구 욕심을 내는 것은 경제적으로 합리적인 선택이 아니다. 그래서 아마도 우리 인생에서 친구의 수는 자연스럽게 제한되지 않나 추측해 본다. 앞의 그래프는 친구 수의 증가(x축)에 따른 효용과 비용(y축)의 변화를 보여 주고 있다. 친구의 수가 늘어남에 따라 효용은 한계효용(곡선의 기울기)이 점차 감소하는 형태로 증가한다. 반면에 비용은 일정하게 증가한다.

● **질문 있습니다** ●

수업에서 모든 학생이 반응을 보이는 질문이 있다. 그건 바로 '질문 있습니까?'라는 질문이다. 수업 말미에 던지는 이 질문에 학생들은 고개를 돌려 시계를 본다. 학생을 가르치기 어렵다고 말하는 이들에게 보여 주고 싶은 모습이다. 학생들은 이 질문이 있은 후 바로 수업이 끝나는 경험을 몇 년간 반복한다. 다른 학습에 비해 그 학습 효과가 확실하다. 장난기가 발동한 교수가 수업 시간이 반쯤 지났을 때 오늘 수업에 대해 질문 있는지 묻는다. 당황한 학생들은 고개를 돌려 시계를 확인한다. 의

도하지 않은 학습이 반복을 통해 이루어졌다는 사실에 웃음이 절로 나올 것이다. 이는 파블로프의 개가 종소리를 듣고 침을 흘리는 현상과 비슷하다. 먹이를 줄 때마다 종소리를 울리는 행위를 반복하면 개는 종소리만을 듣고도 침을 흘린다. 학생들은 '질문 있습니까?'라는 질문을 들으면 가방을 싸기 시작한다. 아무도 질문하지 않는다. 이러한 현상을 학습심리에서는 '고전적 조건형성 classical conditioning'이라 부른다.

학생들 사이에서 침묵의 카르텔은 매우 안정적이다. 우리 대다수가 다수의 선택에 동조하기 때문이다. 다수는 우리에게 편안함, 안전, 편익을 제공한다. 무단 횡단에서 우리는 수의 힘을 느낀다. 당신이 길을 횡단하려 할 때 많은 사람이 동참하지 않으면 두 가지 문제에 직면한다. 첫째, 당신이 사고를 당할 위험성이 높다. 소수만 무단 횡단을 시도할 경우 운전자는 속도를 늦추지 않는다. 둘째, 사회적 체면이다. 다들 신호를 기다리는데 신호를 무시하고 당신 혼자만 길을 건너려고 하면 다른 이들의 눈이 신경 쓰인다. 당신은 주저주저하며 눈치를 살핀다. 뚜렷한 동참의 기운이 보이지 않으면 머리를 긁적이며 다시 자기 자리로 돌아온다.[8]

교실에서는 다수가 다수의 침묵에 동조한다. 서로

가 서로의 눈치를 보고 있다. 당신은 나의 눈치를 보고 있지만 나는 지금 당신의 눈치를 보고 있다. 누가 누구에게 영향을 미쳤는지 알 수 없는 이 뫼비우스의 띠 안에서 모두는 침묵한다.

모두가 모두의 눈치를 보면서 만들어낸 관성을 깨려면 한두 명의 태생적 반항아가 필요하다. 눈치 없는 사람이 필요한 것이다. 지극히 순응적인 분위기를 눈치 채지 못하고 자기 의견을 자신 있게 공개적으로 표현하는 소수의 학생은 변화의 기폭제가 될 수 있다.

반항아의 중요성을 증명하는 유명한 실험이 있다. 애시의 실험인데, 이 실험은 본래 인간의 순응성에 대한 연구이다. 실험자가 미리 심어놓은 공모자 모두가 답이 다소 분명한 문제에서 똑같이 오답을 말한다. 그러면 마지막 차례를 기다리던 피실험자는 당황해하며 멋쩍은 웃음을 보인다. 그리고 자신의 눈을 믿지 않고 자신도 똑같은 오답을 말한다. 집단의 의견에 어긋나는 선택에서 발생하는 심적 고통을 피하기 위해서이다.[9] 그런데 집단의 압력은 한 사람이 다른 의견을 내놓는 순간 크게 떨어진다. 그 답이 공모자의 답보다 훨씬 얼토당토하지 않더라도 말이다. 답의 옳고 그름에 관계없이 다른 의견이 하나라도 있기만 하면 피실험자는 다수의 의견에 순응하

지 않을 용기를 얻는다.[10]

다수에 동조하는 순응과 침묵을 타파하기 위해서는 소수의 선도자가 필요하다. 간혹 이들은 '외골수', '반골', '문제아', '돌아이' 등의 부정적 용어로 불리기도 한다. 『논어』에서 공자가 자로의 용맹성을 무모하다고 꾸짖은 것처럼 배척과 억압의 대상이 되기도 하고, 무모한 용맹성이 개인의 명을 재촉할 수도 있지만, 그 무모함이 전체 집단에는 가끔씩 크게 기여한다.

요모조모 따지는 대신 앞뒤 가리지 않는 사람이 세상을 바꾸는 소수의 선도자가 될 수 있다. 더 나은 세상을 위한 투쟁의 초기 단계에는 성공 가능성은 낮고 위험성은 높기 마련이다. 산술적 계산에 따르면 그런 상태에서는 침묵과 순응이 합리적 선택일 것이다. 그러나 누구든 시작해야만 한다. 시작하는 자가 없으면 변화는 처음부터 없다. 그래서 세상을 바꾸고자 하는 자는 어쩌면 미쳐야 하는지도 모른다.[11]

미친 학생이든 미친 척하는 학생이든 이들의 약간은 서툰 매너와 도발적 언사를 교수는 참아야 한다. 이 학생이 만약 교수의 지적에 직격탄을 맞고 침묵 모드로 돌아선다면 침묵의 카르텔은 깨지지 않는다. '질문 있습니까?'라는 질문에 모두 고개를 돌려 시계를 확인할 뿐이다.

학점 제한, 자기 결박의 기술

요즈음 대학은 1980~90년대와 달리 교수의 학점 재량권을 상당히 박탈했다. A, B, C에 할당된 비율에 따라 교수는 학생들에게 학점을 주어야 한다. '자유와 자율의 가치를 강조하는 대학에서 학점 제한 규정이 웬 말인가?'라고 의문을 품을 수 있다.

인간은 이기적이라고 전제하는 경제학적 관점에 비추어 볼 때 교수의 학점 주기는 죄수의 딜레마와 유사하다. 죄수의 딜레마란 각자가 자신에게 최선인 선택을 하지만 모두가 피해를 입는 경우를 말한다. 교수 개개인은 학생과의 원만한 관계, 수업 등록, 평가, 학생의 미래 등을 고려하여 학생들에게 학점을 후하게 주고 싶은 유인이 있다. 만약 이러한 이유로 교수 대다수가 학점을 후하게 주면 학점이 가치를 잃게 된다. 각자의 상대적 인기는 그대로인데 학점 인플레이션만 일어나는 것이다. 이는 생산비를 절약하기 위해 모두가 폐수를 방류했다가 강이 크게 오염되어 결국 모두가 손해를 입는 현상과 유사하다.

학점 주기 딜레마는 교수 사회가 자율적으로 해결하기 어렵다. 이 문제를 해결하기 위해 대학 당국이 내리는 권위적 명령이 학점 제한이다. 강제력을 지닌 중앙 권위체의 명령인데, 이는 죄수의 딜레마를 해결하는 전형적인 방식이다. 강의자에게 자발적으로 문제를 해결하게 하지 않고 대학이 교수의 행위를 강제적으로 제약하여 학점 인플레이션을 막는다.

그렇다면 학점을 제한하는 제도는 과연 교수에게 불리한가? 우리는 보통 전략적 선택의 폭이 넓을수록 좋다고 생각한다. 상황에 맞는 선택을 통해 자신의 이익을 극대화할 수 있다고 믿기 때문이다. 레스토랑에서 스파게티를 선택하는 것처럼 상대와의 협상이 필요하지 않은 경우에는 대체로 맞는 생각이다.

하지만 상대와 협상을 해야 하는 경우에는 놀랍게도 운신의 폭이 좁은 것이 유리한 경우가 자주 있다. 여기서 핵심은 운신의 폭이 좁다는 사실을 나만 아는 것이 아니라 상대방도 알아야 한다는 것이다. 예를 들어 내가 퇴로가 막혀 더 이상 후퇴할 수 없지만 상대가 그 사실을 모른다면 아무런 효과가 없다. 그는 내가 결사항전해야 한다는 사실을 알지 못하기에 겁도 없이 나에게 달려든다. 나만 알고 있다면 상대와의 혈투는 피할 수 없다. 적이 알 수 있도록 나의 퇴로를 없애 버려야 한다. 결사항전 말고는 내게 선택지가 없다는 것을 알게 되면 상대는 섣불리 진격하지 못한다. 이렇듯 더 이상 후퇴할 수 없다는 사실을 상대에게 객관적으로 증명하는 것이 협상의 핵심 기술이다.[12]

절이 싫으면 중이 떠날 수밖에 없는 이유도 여기에 있다. 절이 움직일 수 없다는 사실은 누구에게나 명명백백하다. 선택은 중만 할 수 있다. 중은 참고 살든지, 떠나든지 둘 중 하나를 선택해야 한다. 떠날 수 없다면 참고 살 수밖에 없다. 조직 내에서 유능한 집단과 무능한 집단이 한 판 대결을 벌이면 무능한 집단이 정치적으로 승리한다. 유능한 집단은 다른 직장이나 직종으로 옮길 수 있지만 무능한 집단은 옮길 곳이 없기 때문이다. 물러설 곳이 없는 사람들은 일치단결하여 열심히 싸운다. 아니, 평소에 열심히 뭉친다.[13]

학교에서는 학점 제한을 공개적으로 운영한다. 그래서 교수는 자신에게 선택의 여지가 없다는 사실을 객관적으로 증명할 수 있다. 이로써 담당 교수는 취업과 장학금 등 피치 못할 이유를 들어 읍소하는 학생을 다독이면서도 학생의 요청을 쉽게 뿌리친다. 돛대에 자신을 묶은 오디세우스처럼 교수는 규정상 학점 조정이 자신의 손을 떠났다는 사실을 학생에게 다시 한 번 일깨워 주기만 하면 된다. 운신의 여지가 없어 오히려 문제 해결이

쉬워진 셈이다.

청강, 공공재의 너그러움

학기 초마다 학생들이 찾아와서 수업을 청강할 수 있는지 물어본다. 당연히 대부분의 교수는 흔쾌히 허락한다. 오히려 청강을 요청한 학생이 포기하는 경우가 많다. 이들은 시간이 갈수록 의지가 약해져서 몇 주 후에는 아예 수업에 들어오지 않는다. 그렇다면 왜 교수는 학생의 청강을 막지 않을까?

교수의 강의는 비경합적이기 때문이다. 다시 말해 청강생이 수업을 듣는다고 해서 다른 학생들의 귀에 교수의 목소리가 작게 들리는 것은 아니다. 사실 교수의 강의는 공원의 전시물과 크게 다르지 않다. 10명이든 30명이든 구경꾼은 동상을 보면서 자신만의 즐거움을 느낄 수 있다.

사실 구경꾼이 좀 있어주면 오히려 재미가 더 좋다. 청강생은 수강생이 수업을 더 열심히 듣게 할 수 있다. 수강생들은 학점이라는 유인이 없는데도 수업을 들을 정도로 이 수업이 가치가 있다고 받아들일 수도 있다.

공원의 전시물과 강의는 또 다른 측면에서 닮았다. 둘 다 생산을 시작하기 위한 최소한의 투자인 고정비용이 많이 들지만 일단 생산되고 나면 한계비용이 거의 발생하지 않는다. 전시물이 세워지고 나면 구경꾼이 늘어난다고 해서 비용이 증가하지 않는 것이다. 강의 준비도 마찬가지다. 관련 책을 읽고 교안을 짜는 등 상당한 고정비용이 들어가지만, 늘어나는 수강생 수에 비례해 책을 더 읽거나 교안을 더 짜야 하는 것은 아니다.[14]

하지만 모든 강의가 비경합성을 띠지는 않는다. 강의의 생산 기술이 전공에 따라 크게 달라진다. 예체능처럼 실습이 중요한 경우에는 수강생 수에 비례하여 한계비용이 늘어난다. 교수가 학생 개개인의 실습을 도와주어야 하기 때문이다. 따라서 청강생은 있을 수 없고 수업의 규모도 상당히 제한적일 수밖에 없다.

전통적으로 한국 문화는 손님을 반긴다. 그 이유도 비경합성과 관련이 있다고 볼 수 있다. 특히 한식이 비경합재를 많이 닮았다. 한 상 차리는 데 들어가는 고정비용이 크다. 한식에는 모두가 함께 먹을 수 있는 기본 반찬과 찌개가 나온다. 인원 수와 관계없이 한 상이 되기 위해 갖추어야 할 기본 요소가 상당하다. 하지만 한 상 차려지고 난 다음에는 수저 한 벌에 밥 한 공기, 국 한

그릇만 더 놓으면 쉽게 식객 한 사람을 더 받을 수 있다. 식객 한 사람을 위한 한계비용이 매우 저렴하다. 초대받지 않은 손님이 갑작스레 찾아와도 부담스럽지 않다. 서양 음식의 경우에는 사람이 한 명 추가될 때마다 그 사람을 위해 접시들이 따로 제공되어야 한다. 같은 종류의 음식을 잔뜩 준비하는 경우가 아니라면 한 명 추가될 때마다 늘어나는 비용은 거의 일정하다. 한식의 비경합성으로 인해 한국의 식문화가 포용적이지 않을까 추측해본다.

대학교에 없는 왕따

고등학교 3학년에서 대학교 1학년으로 올라오는 순간 '왕따'는 사라진다. 대학에서 왕따를 당했다는 이야기는 들리지 않는다. 좀처럼 달라질 것 같지 않던 못된 아이들이 한두 달 사이에 갑자기 착해지기라도 했단 말인가? 사람이 바뀐 게 아니라 상황이 바뀌었기 때문이다.

　　왕따가 발생하려면 집단의 경계가 분명해야 한다. 안정적 경계 내의 구성원이 분명해야 하고 이들이 정기적으로 의사를 교환할 수 있어야 한다. 그래야만 왕따를

시킬 만큼 못된 마음이 모이고 희생양이 정해진다. 누가 우리인지 분명해야 누구를 붙잡고 욕을 해야 하는지 알 수 있다. 안정적 집단 자체가 없다면 '집단 극화group polarization'도 없고, 누구를 잡도리하자는 못된 마음도 없다. 집단 극화란, 의견이 유사한 구성원 사이의 상호작용으로 인해 개개인의 의견이 한쪽으로 더욱 치우치는 경향을 일컫는다. 모여서 이야기를 해야 각자의 의견이 모이고 더욱 강해질 수 있다.[15]

조그만 교실에서 1년 동안 같이 생활하면 자연스럽게 지배적 파당이 하나 생겨난다. 소인小人인 중고등학생들은 '쉽게 동조하지만 화합하지 못한다'는 공자의 말씀(동이불화同而不和)을 누구보다 확실히 보여 준다. 비슷한 생각을 공유한 이들이 모여 자신들의 선호를 하나로 일치시키면서 유사성이 동일성으로 변모한다. 긍지를 가지나 다투지 않고(긍이부쟁矜而不爭) 두루 원만하나 파당을 만들지 않는 것(군이부당群而不黨)이 군자의 모습이지만 우리 대부분은 편파적 파당을 만드는 데 소질을 보인다. 아직까지 심약한 중고등학생은 두말할 나위가 없다. 유유상종해서 일심동체가 된다.

개인적 원한이 없는 사람을 괴롭히고 싶을 만큼 미워하려면 동료가 필요하다. 우리 대부분은 이런저런 잡

생각에 마음이 쉽게 산만해지기 때문에 혼자의 힘만으로는 위선과 증오로 가득 찬 극단적 이념을 철저히 믿기 어렵다. 극단적인 주의 주장에 빠지는 데는 생각을 공유하는 동료의 존재가 필수적이다. 이슬람 무장 단체 IS에 참여한 김 군의 사례에서 알 수 있듯이 사회 관계망 서비스SNS는 극단적 주장으로 젊은이를 유혹하는 주요 수단이다. 여기서 아주 흥미로운 조작을 볼 수 있다. 단톡방 등에서 어느 정도 성향을 파악한 다음 IS 조직원은 적극분자에게 새로운 토론방에 들어올 수 있는 패스워드를 알려준다. 이들만 따로 모으는 것이다. 이들이 모여 서로를 지지하고 동의해 주면서 자신의 의견을 더욱 확고히 한다. 우호적 태도를 넘어 신념을 가지게 된다.[16] 나는 확신을 위해 동료를 보고 있다. 동료는 나를 지지한다. 그런데 아뿔싸! 내가 의지하고 있는 그 동료는 나를 보면서 확신을 얻고 있다. 서로의 존재가 서로의 믿음을 더욱 강하게 만든다. 강한 신념이 또 다른 강한 신념을 만나고 결국 신념에 눈이 멀어버리는 것이다.

누구를 왕따로 만드는 과정도 이와 비슷하리라. 예외적인 경우가 아니면 학교생활에서 혼자서는 누구를 경멸할 만큼 미워하기 어렵다. 이 와중에 친구 몇 명이 몰려다니다 불만을 공유하기 시작한다. 그리고 이제 불만에서 분노로 감정의 강도가 급상승한다.

또한 팬이 혼자서는 '사생팬'(극성 팬)이 되기 어려운 이치와도 비슷하다. 비슷비슷한 호감을 가진 이들이 모여 "좋아요, 좋아요" 하며 의견을 교환한다. 상승의 상호작용을 거치면서 호감은 열광으로 변한다. 연예 기획사가 팬클럽을 조직하는 이유이다.

고등학교와 달리 대학교는 학생 수도 많고 집단의 경계도 분명치 않다. 사람이 많아지면 파당도 여러 개 생긴다. 미국 건국의 아버지가 연방제를 채택하면서 노린 게 바로 이것이다. 이들은 연방으로 큰 나라를 만들어 일개 파벌의 영속적 지배를 피하고 개인의 자유를 보호하려 했다. 수가 많아지면 이해가 다양해지고 파당은 많아질 수밖에 없다. 그리고 많은 파당이 경쟁하는 환경은 개인의 자유에 도움이 될 수 있다.[17] 내가 중고등학교를 다닌 1980년대에는 학급 내에서 주먹다짐은 많았지만 왕따는 없었다. 70명에 육박할 만큼 학급 내 학생 수가 많았기 때문일 것이다.

적은 인원으로 구성된 고등학교 교실이 좋은 점도 있다. 작은 집단의 구성원은 강한 연대성과 공동체 의식을 누릴 수 있다. 연대감은 우리의 마음을 따뜻하게 한다. 반대로 집단의 구성원이 많아지면 이해관계가 복잡

해지고 갈등이 잦아진다. 결국 우리는 하나라는 마음이 생기기 힘들다.[18]

그런데 연대와 협력이 왕따의 기초이다. 집단의 지배적 분위기에 순응하지 않는 독립적인 인물에게 연대성은 억압으로 돌변한다. 포악한 왕보다 여론이 더 무섭다. 숨을 곳이 없기 때문이다. 왕의 눈은 피할 수 있지만 매일 부딪치는 이웃의 눈은 피하기 어렵다. 그리고 집단 구성원 대다수가 아니라 전부가 자신을 싫어한다는 사실이 그를 나약하게 한다.

소수는 연대를, 다수는 자유를 낳는다. 그리고 구성원이 다수일 경우 왕따는 힘들어진다. 왕따는 전체의 동의가 필요한 집단행동이기 때문이다. 구성원이 다수이면 소수의 이견 집단은 왕따로 지목된 자의 편에 서서 그를 지지할 것이고, 그는 다수의 억압을 견디고 심지어 저항한다.

그래서 이런 의문이 생긴다. 학급 인원수를 다소 늘리면 학급 내 소수의 반대 집단이 생겨 왕따를 없앨 수 있지 않을까? 혹은 반이 없어지면 왕따가 사라지지 않을까? 같은 반이라는 공동의 정체성이 사라지고 단지 같은 학교, 같은 학년이라는 정체성만 작동한다면 한 명만 괴롭히는 비겁한 파당이 생겨나기 어려울지도 모른다.

취업을 생각하지 않는 대학 교육은 잘못된 것인가? 『논어』 「학이」 편에 나오는 문장이 이 물음에 대한 답을 제공한다. 내가 『논어』를 처음 접했을 때 충격으로 다가온 문장이기도 하다.

> 남이 나를 알아주지 않아도 화내지 않으면 또한 군자가
> 아니겠는가
> 人不知而不慍 不亦君子乎

'온慍'이란 화로 인해 마음에 진 응어리를 말한다. '온'이 없는 사람은 진정으로 공부가 좋아서 공부한 사람일 것이다. 좋아하는 공부를 하면서 이미 즐거움을 마음껏 누렸기 때문에 다른 사람의 인정이라는 보상에 개의치 않을 수 있다. 『논어』에서 공자는 배우고 이를 때때로 연습하는(학이시습지 學而時習之) 일상 그 자체가 매우 즐거워서 늙어 나이가 드는지도 몰랐다고 자신의 인생을 평가하고 있다.[19] 그 정도로 즐거움을 취했기에 다른 이의 무시에도 노여운 마음이 쌓이지 않는다. 심리학의 용어로 표현하면, 공자가 말하는 군자는 '내재적 동기intrinsic motivation'에 충실한 사람이다. 내재적 동기란 욕구, 흥미, 호기심 등 개인적이고 내부적인 요인들에 의해 유발되는 동기를 말한다. 무도의 절대 경지에 도달하는 것이 유일무이의 목적인 무도인의 모습이 연상된다.

또한 공자는 『논어』 「위정」 편에서 외부적 유인의 한계와 위험성 역시 분명히 지적한다.

> 형벌로 다스리면 사람들은 죄를 면하려 할 뿐 부끄러움을
> 모르고, 덕과 예로 다스리면 염치를 알고 자신을
> 바로잡는다.
> 道之以政 齊之以刑 民免而無恥 道之以德 齊之以禮 有恥
> 且格

이 유명한 구절은 오늘날 사회심리학이 경험적으로 완전히 뒷받침하고 있다. 사회심리학에서 인간의 행위와 태도를 연구한 결과에 따르면, 도덕심을 키우려면 외부적 유인이 강하면 안 된다. 법과 제도라는 외적 제재가 무자비할 경우 개인은 범법 행위를 하지 않는 이유를 쉽게 외부적 요인으로 돌린다. 행위를 내부적으로 정당화할 필요가 없기에 내면의 태도 변화는 일어나지 않는 것이다. 도덕적 행위가 도덕적 태도를 낳기 위해서는 자

발성이 필수적이다. 아무리 사소한 행위라도 자신이 자발적으로 행한 경우에만 행위의 원인을 내재적 태도와 가치에서 찾게 된다. 이 결과 행위에 맞추어 태도가 변한다.[20]

외부적 유인과 내재적 동기는 많은 경우 양립하기 어렵다. 이 점에서 공자의 가르침은 더욱 타당하다. 강한 외부적 유인은 때때로 기존의 내재적 동기를 변경하고 말살한다. 이를 절묘하게 보여 주는 유명한 이야기가 있다.

노인 혼자 살고 있는 조그마한 집 주변에 아이들이 몰려와 매일같이 시끄럽게 놀다가 돌아갔다. 이에 노인은 한 가지 묘안을 생각해 냈다. 아이들에게 몇 푼씩 돈을 주기로 한 것이다. '너희들이 놀아줘서 내가 행복하기 때문에 놀아준 데 대해 보상을 하는 것'이라는 말도 덧붙였다. 다음 날에도 아이들은 어김없이 찾아왔고 노인은 다시 아이들에게 돈을 쥐여주었다. 그렇게 며칠이 지났을 때 노인은 경제 사정이 어려워졌다면서 돈을 이전보다 적게 주기 시작했다. 아이들은 투덜거렸다. 그리고 며칠 후 액수는 더 적어졌고 마침내 노인은 돈이 떨어져 더 이상 너희들에게 돈을 줄 수 없어 미안하다고 했다. 그렇지만 내일도 다시 찾아와 주길 부탁했다. 하지만 아이들은 화를 내며 돌아갔고 다시는 찾아오지 않았다.

이 이야기에서 처음에 아이들은 노인을 괴롭히고 소란스럽게 노는 게 재미있었다. 하지만 이 놀이에 돈이 주어지자 자신들이 돈 때문에 노인 집 주위에서 놀아준다고 생각하게 되었다. 현명한 노인은 외부적 유인을 통해 놀이의 의미를 재미가 아닌 노동으로 바꾸어버린 것이다.

경제학의 기본 원칙을 위배하는 인간의 행동은 행동경제학자의 공짜 캔디 실험에서도 발견된다. 실험에서는 동일한 캔디에 1센트와 무료라는 가치를 책정하였다. 수요 법칙에 따르면 가격이 낮은 공짜 캔디의 수요가 당연히 많아야 한다. 2센트의 캔디와 1센트의 캔디에서는 이 법칙이 작동한다. 하지만 공짜가 되는 순간 사람들은 경제적 계산이 아니라 공동체적 규범인 체면에 따라 행동한다. 공짜 캔디를 한두 개씩만 집어 가는 것이다.[21]

의미에 따라 행동이 달라지고 우리가 추구하는 보상도 달라진다. 분명 동물원 식구들만큼이나 우리도 보상 없는 행동을 지속하기 어렵다. 원숭이가 곡예를 숙달토록 하려면 수많은 단계마다 보상으로 바나나를 주어 행위를 조성shaping해야 한다. 원숭이와 마찬가지로 우리도 목표 달성 과정마다 충분한 보상을 받지 못하면 인내심이 곧 바닥난다. 하지만 원숭이와 인간은 다르다. 일을 그 자체로 즐길 경우 외부적 보상 대신 우리는 내부적으로 보상을 생산할 수 있다. 일을 힘겨운 노동이 아니라 놀이로 생각할 수 있다면 목표를 향한 여정은 마냥 즐겁다. 이 경우 인내심이 바닥날 걱정을 할 필요가 없다. 인간에게는 쾌락을 스스로 만들어 낼 수 있는 원초적 능력이 있고, 이 능력은 목표를 향한 여행길에서 고갈되지 않는 에너지원이기 때문이다.

동일한 이유에서 우리는 투표에 참여하는 국민에게 금전적 보상을 해서는 안 된다. 이미 투표를 결심한 이에게 금전적 보상을 한다면 이는 금상첨화라 생각할 수도 있다. 하지만 이는 인간이 의미를 추구하는 존재라는 사실을 망각한 정책이다. 투표 행위에 대해 금전적 보상을 제공하면 시민적 덕성이 성장하기 어렵다. 일당을 지급받는 시민이 투표를 시민적 덕성으로 돌리기 어려운 것이다.[22] 그리고 시민적 덕성을 상실한 사람을 투표장으로 유인하려면 상당히 큰 금전적 보상을 제공해야 한다. 세상 어느 정부도 이를 감당할 수 없다. 투표에 대한 금전적 보상은 민주 사회의 토대를 허무는 정책이다. 돈으로 살 수 없는 것들이 있다는 사실을 인정하고 불완전한 투표율을 사회적 현실로 받아들여야 한다.

　마지막으로, 내재적 동기의 소중함을 우리 대학의 현실과 관련하여 생각해 보자. 지금 우리 사회는 학생들이 대학에 들어오자마자 취업만 생각해야 하는 분위기를 조장하고 있다. 이는 누구에게도 무엇에도 도움이 되지 않는다. 이제 학생들은 공부하는 이유를 취업 준비에서만 찾는다. 이는 공부 자체에 대한 흥미를 말살하는 지름길이다. 기억나지 않는가? 대학 입시 때문에 고등학교 교육이 죽었다고 아우성친 게 엊그제인데 이제 대학생들에게는 공부가 아닌 취업을 생각하라고 사회가 강요하고 있다. 취업을 위한 공부가 무엇인지, 취업의 길이 어디에 있는지 알고나 있는 듯이 말이다.

　어떻게 하면 좋은 직장에 취직해서 출세할 수 있는지를 안다고 믿는 사람들에게 묻고 싶다. 과연 인생에서 운이 차지하는 비중은 어느 정도인가? 세상은 복잡하고 인생사는 더 복잡하다. 학생들 눈에는 열심히 노력하지 않았지만 운 좋게 출세한 사람들만 보이고, 지적하기 좋아하는 어른들 눈에는 열심히 노력해서 성공한 사람들만 보일 것이다. 하지만 이들이 공히 보지 못한 사람들이 있다. 열심히 노력했고 능력도 출중했지만 인생에 실패한 사람들이다. 묘지를 찾지 않으면 죽은 이를 떠올리지 못하듯 우리는 노력했지만 실패한 많은 이들을 미처 생각해내지 못한다. 이들은 우리 눈앞에 보이지 않으니 말이다. 노력과 능력에도 불구하고 실패한 이유는 운 때문이다. 그리고 운은 무작위로 작동하기 때문에 우리는 왜 누구는 운이 좋고 누구는 나쁜지 알 수 없다.[23] 운이 작동하는 예측 불가능한 출세길에서 그 비법을 알려준다는 허황된 말로 학생들을 호도해서는 안 될 것이다. 그 대신 열심히 노력하는 것 자체를 즐길 수 있도록 교수와 대학이 학생들을 도와주어야 한다. 호기심을 자극하고 채워 주며 나아가 그 방법까지 가르쳐준다면 학생들 인생에서 그보다 큰 선물은 없지 않을까?

4

삶이 그대를 속일지라도

세상을 안다고 자부하는 인사권자들은 술자리에서 이런저런 충고와 '지적질'로 성공한 사람과 실패한 사람을 논평한다. 이들의 이야기에 솔깃하면서 우리는 성공과 실패가 전적으로 우리 손에 달려 있다는 듯 비장한 마음을 품기까지 한다. 그런데 '의사 결정에서 나타나는 여러 문제점을 고려한다면 어쩌면 우리가 통제할 수 없는 운이 훨씬 더 결정적이지 않을까?' 하는 의문을 떨쳐버릴 수 없다. 이 장에서는 행동과학으로 인생의 성공 방정식에 대한 상식에 도전한다.

"너를 (무엇이) 되게 할 수는 없지만 안 되게 할 수는 있다"라는 말이 있다. 무슨 의미일까? 이 의문에 답하기 위해 만장일치제 등 합의의 의사 결정 구조를 분석한다. 어떤 사람의 필사적 반대로 대사를 망칠 수 있다면 우리는 어떻게 처신해야 하는지 생각해 보고, 안 되게 할 수 있는 의사 결정 방식 때문에 평범함이 양화를 구축할 위험성은 없는지도 함께 논한다.

인생 성공 비결에서 상식처럼 말해지는 자신을 널

리 알리라는 지침을 재고해 보자. 과연 이는 항상 타당한 지침인지 궁금하다. 교수를 뽑는 과정에 대입하여 답해 본다. 교수 임용처럼 경쟁이 매우 치열한 경우 우리는 지원자의 문제점을 찾는 데 주력한다. 장점을 보기보다 문제점을 먼저 고려하는 경우 자신을 숨기는 신비주의가 오히려 타당하다. 이를 다루기 위해 심리학의 의사 결정 이론을 살펴본다.

뉴스 등을 보면서 '왜 우리나라 엘리트의 신장은 평균보다 작을까' 하는 의문이 든다. 이는 그냥 나만의 착각일까? 키 작은 사람이 유리한 이유가 있을까? 이에 대한 답으로, 키가 작아 콩나물 교실 앞쪽에 앉았다는 우연적 요소가 학습과 인생 경로에 큰 영향을 미쳤을지도 모른다는 나의 가설을 소개한다. 과거의 우연한 선택이나 충격이 현재의 선택을 제약하여 사건의 진행 방향을 한쪽으로 고정하는 경로 의존성이 인생에서 일어날 수 있음을 생각해 볼 수 있다.

그런데 과거와 달리 현재 우리 사회는 키 작은 학생

이 아니라 키 큰 학생이 공부를 더 잘하는 경향이 있다. 키 크고 부유한 집안 학생이 공부도 잘하는 이른바 '엄친아 현상'이다. 엄친아 현상은 평균으로의 회귀가 작동하지 않는 승자 독식 사회의 한 단면임을 알 수 있다.

그렇다면 승자 독식이 강해지는 한국 사회에서 왜 교육대학은 여전히 인기가 많을까? 그냥 이전의 관성일까? 이 질문에 대한 답 역시 경로 의존성과 엄친아의 승자 독식 현상에서 찾을 수 있다. 우연이 필연이 되고 1등만 기억하는 극히 불평등한 연예계와 달리 교육계는 나눠 먹기의 세계이기 때문일 것이다.

이 장에서는 특히 행동과학에서 찾을 수 있는 인생의 팁을 하나 살펴보자. 사람들은 보이는 것만을 보고 생각한다. 그래서 열심히 사고事故를 예방한 공무원은 제대로 된 보상을 받기는커녕 과도한 간섭을 한다는 비난을 받는다. 이와 반대로 예산을 투입하여 성과를 내는 개발 부서의 공무원은 쉽게 칭찬을 듣는다. 무엇이 사람들의 사고를 규정하는지 생각해 본다.

운과 경로 의존성에도 불구하고 멋은 자신의 책임이 아닐까? 여기서 나는 멋있다는 말이 구체적으로 무엇을 의미하는지 먼저 살펴본다. 평소 깊이 생각해 보지 않은 멋이라는 단어의 의미를 다양한 가치의 합이 아니라 곱으로 규정할 경우 멋진 사람이 되기 위해 어떻게 해야 하는지가 분명해진다. 좋은 가치가 적절히 조합된 중용中庸이 멋을 극대화할 수 있는 방식일 것이다.

"네가 (무엇이) 되게 할 수는 없지만 안 되게 할 수는 있다"는 말을 종종 듣는다. 이 말은 단순한 겁주기가 아니다. 실제로 한 사람의 반대가 대사를 망칠 수 있다. 이러한 겁박이 가능한 이유는 한국 사회에서 주로 행해지는 합의적 의사 결정 방식 때문이다. 우리 사회의 주요 조직은 만장일치에 가까운 결정 방식을 채택하고 있다. 만장일치제에서는 구성원 개개인이 거부권을 가지며 한 명의 결사반대로 표결 안은 부결된다.

만장일치제는 다소 이상한 결과를 낳는다. 보통 우리는 매력적인 사람이 사회생활에 유리할 것이라 가정한다. 우리 자신이 매력적이고 우리 자식 또한 그렇게 되길 원한다. 과연 타당한 소망일까? 매력적인 자는 좋아하는 사람을 많이 만들지만, 자신을 미워하는 사람 역시 만들 수밖에 없다. 세상에는 착한 사람, 나쁜 사람, 이상한 사람들이 있다. 매력이 아무리 넘쳐도 나쁜 사람, 이상한 사람마저 매료할 수는 없다. 그런데 이미 조직에는 소수일지라도 이들이 자리를 차지하고 있고 의사 결정에도 참여한다. 불행히도 매력적인 자는 이들의 눈 밖에 나기 십상이다. 분명한 색깔을 지닌 매력적인 사람은 질투심 많은 음흉한 이들에게는 흠 잡기 딱 좋은 대상이다.

만장일치제에서 승리 전략은 흠 잡히지 않기이다. 그래야 거부당하지 않기 때문이다. 매력적인 사람이 아니라 지루한 사람이 흠을 잡히지 않는다. 이는 뿌리 깊은 인식 습관과 일맥상통한다. 우리는 눈에 보이지 않는 것은 생각하지 못한다. 눈에 띄는 흠을 찾아 헤매는 동안 우리는 지루한 사람에게 뚜렷한 장점이 없다는 사실마저 까맣게 잊어버린다. 그렇게 해서 지루한 사람이 매력적인 사람을 이긴다.

모두가 거부권을 지닌 만장일치제는 새로운 변화와 인물에 매우 저항적이다. 정치학의 거부권자론theory of veto player이 제기하듯이 거부권자의 수가 증가할수록 새로운 선택의 폭은 좁아진다. 따라서 현상 변경이 어렵다. 이는 고등학교 수학 시간에 배운 벤다이어그램으로 쉽게 이해할 수 있다. 집합 A와 집합 B가 거부권을 지니고 있을 경우 A와 B의 교집합에 들어 있는 원소만이 A와 B의 거부권을 피할 수 있다. 그런데 여기에 집합 C가 더해진다고 상상해 보자. 집합 C가 A 혹은 B의 부분집합이 아니라면 교집합의 크기는 더욱 작아진다. 다수의 거부권자가 존재하는 만장일치제를 통과할 수 있는 인물, 거부권자 모두의 교집합에 속하는 인물은 개성이 넘치기보다

무난할 가능성이 높다.[1]

만장일치제가 지배적인 사회에서는 적을 만들지 않는 처세가 매우 중요하다. 나를 아주 좋아하는 사람들이 있는 것보다는 나를 정말 미워하는 사람이 없는 것이 출세를 위해 더 필요하다. 성격이 강하고 직선적이고 재미있는 사람보다는 모두에게 잘하는 무색무취인 인물이 유리하다.

만장일치체가 이상한 결과를 가져올 수 있음은 학위논문 심사에서도 확인할 수 있다. 학위논문 심사에서는 참석자 전원의 반대를 피해야 한다. 학위논문 심사장에 학과 교수 모두가 참석하는 경우가 있다. 심사 위원뿐 아니라 다른 교수들 역시 적극적으로 의견을 개진하기도 한다. 학문적 관심과 열정, 존재감 등 다양한 이유에서 자신의 지식과 현명을 과시한다. 그런데 사공이 많으면 배가 산으로 간다. 학위논문은 참석 교수의 다양한 제안을 모두 수용하면서 일관성을 상실하고 누더기가 된다.

●   **교수 되기 전략: 신비주의**   ●

자기 피아르PR 시대라면서 자신을 널리 알리는 것이 당연히 좋을 것이라고 믿는 경향이 있다. 교수가 되기를 원하는 새내기 박사 역시 자신을 알리기 위해 여기저기 얼굴을 비친다. 과연 이는 적절한 전략일까? 이에 답하려면 먼저 우리를 뽑는 사람이 개인의 본성과 비밀을 꿰뚫어 보는 현인과는 거리가 멀다는 사실을 분명히 알아야 한다.

다차원적이고 복잡한 현실 속에서 우리의 사고는 일관성을 잃고 뒤죽박죽이다. 예를 들어 휴가 가서 묵을 펜션을 고를 때 우리는 가격, 분위기, 접근성 등을 고려한다. 이 경우 어떤 방식을 취하는가에 따라 우리의 선택은 달라진다. B는 4개의 평가 요소 중에서 2개는 아주 좋고 2개는 상당히 나쁘다. A는 4개 측면 모두에서 평범하다. 만약 어느 것을 택할 것인가라는 질문을 받는다면 우리 대부분은 A와 B 둘 중 좋은 점이 많은 B를 선택한다. 왜냐하면 좋은 점 두 가지가 주목을 끌기 때문이다. 반대로 '어디를 가지 말아야 하는가'라는 질문을 받으면 답이 달라진다. 이제는 B의 두 가지 나쁜 점에 주목하면서 두 가지 좋은 점은 잊어버리고, A를 선택한다. '어떻게 질문하고 어디에서 바라보는가' 하는 프레임에 따라 평가와 선택이 달라지는 것이다. 보이는 것만이 우리의 판단 앞에 존재한다.[2] 그리고 보이는 것을 너무나 쉽게 받아들인다.

진화를 통해 인간은 쉽게 긍정하고 믿도록 태어났다. 이편이 생존에 유리하기 때문이다. 가설 검증에서 우리는 두 종류의 오류를 범할 수 있다. 나뭇잎 소리를 동물의 발자국 소리로 잘못 인식하는 것이 1형 오류이고, 실제 동물의 발자국 소리인데 발자국 소리가 아니라고 부정하는 것이 2형 오류이다. 1형 오류는 쉽게 믿어버리는 잘못이고 2형 오류는 사실을 받아들이지 않는 잘못이다. 모든 소리를 위협으로 받아들이는 잘못은 삶을 피곤하게 하지만 목숨을 위협하지는 않는다. 하지만 2형 오류를 범할 경우 그의 대범한 유전자는 바로 지구 상에서 사라지는 운명을 맞는다. 즉 믿어버리는 오류가 생물학적으로 안전하고 우월하다. 우리는 그렇게 태어났다. 믿는 상태가 초기 설정 상태이다.[3]

교수를 뽑는 과정에서도 프레임이 설정한 가설에 빠져 쉽게 결론에 뛰어든다. 그런데 이 경우의 프레임은 일반적인 경우와 좀 다르다. 학과 교수들은 '지원자가 어떤 장점을 가지고 있는가?'보다 '무슨 문제는 없는가?'라는 질문을 던진다. 교수를 뽑는 의사 결정은 한 명씩 걸러내는 방식이기 때문이다. 한 명을 뽑는 자리에 경쟁력 있는 다수가 지원한다. 지원자를 추려내기 위해 장점 말고 단점을 우선 고려한다.

이러한 선택 방식에서는 심사 위원에게 잘 알려지지 않은 지원자가 유리하다. 잘 모르기 때문에 심사 위원은 지원자의 부정적 측면을 쉽게 알 수 없다. 그런데 '그를 모르기 때문에 그의 단점이 보이지 않는다'고 생각하지 못한다. 보이지 않음과 없음을 동일시한다. 반면에 잘 알고 있는 후보자의 부정적인 측면은 쉽게 생각해 낸다. 그러고는 그를 더 문제가 있는 사람으로 치부한다.

알려지지 않은 후보를 유리하게 하는 데는 더욱 근본적인 인식의 힘이 작용한다. 어떤 사람을 제대로 알지 못하면 우리는 그가 단점이 없다고 생각하는 데서 그치지 않는다. 심지어 그 사람을 좋게 상상한다. 이는 시각적 정보를 처리하는 방식과 동일하다. 우리의 뇌는 제대로 보지 못한 물체를 아름답고 예쁘게 꾸며버린다. 옆자리에서 침을 흘리며 졸고 있는 남자 친구보다 며칠 전 회사에 들어온 김 대리가 훨씬 멋있어 보이는 것은 인지상정이다.

● 키 작은 엘리트에서 나타나는 경로 의존성 ●

인간은 외모에 약하다. 사람들은 예쁘고 잘생긴 이들을 우호적으로 대우하고 그들의 행동을 좋은 쪽으로 봐주려 한다.[4] 미국에선 남성의 키가 몇 센티미터 더 클 때마다 임금이 얼마씩 오른다는 통계도 있다.

그런데 한국 엘리트의 키는 평균에 비해 작은 듯하다. 우리나라에서는 오히려 키가 작을수록 출세에 유리하다는 생각마저 든다.

우리나라에 팽배한 합의적 의사 결정 방식이 그 이유 중 하나이다. 만장일치제에서는 개성이 강하고 장점이 뚜렷한 인물보다는 무색무취의 무난한 인사가 유리하다고 앞서 다룬 바 있다. 만장일치제에서는 평범한 사람이 매력적인 사람을 누른다. 매력은 시기와 질투를 불러오고 평범함은 이를 피해 간다. 못나지도 잘나지도 않은 사람이 유리하다. 중치가 위력적이다.

이와 함께 한국의 베이비붐 시대 신장과 학습 사이의 관련성을 의심할 수 있다. 1970~80년대에 공부를 잘하는 남학생들은 대체로 키가 작은 편이었다. 그 이유로 당시 좌석 배치를 생각해 볼 수 있다. 당시 한 반의 학생 수는 60~70명에 이르렀고, 오전반과 오후반으로 나눌 정도로 교실 수는 학생 수에 비해 턱없이 부족했다. 교실 뒤쪽에 앉을 경우 수업에 집중하기도 힘들고 선생님 몰래 장난치기도 수월했다. 심지어 수업 시간에 도시락마저 눈치껏 까먹을 수 있었다. 불량한 수업 태도를 지적하는 선생님의 꾸중에 더욱 반항하고, 학습 의욕 상실로 공부가 뒤처지곤 하였다. 앞줄은 정반대였다. 앞줄의 학생들은 열심히 공부하여 선생님께 칭찬을 자주 들었다. 칭찬을 받으니 더욱 열심히 했다. 이러한 편중 현상은 고등학교 졸업 때까지 계속되었다. 그리고 당시까지는 공교육이 사교육을 압도했기에 학교교육만 잘 받아도 우수한 성적을 냈다.

학생들의 키로 인해 발생한 학습 능력 차이는 좁혀지지 않고 점점 벌어진다. 갈라진 길처럼 말이다. 경로 의존성이다. 경로 의존성은 처음에 발생한 우연한 사건이 다음의 선택을 제약하는 현상이다.[5] 앞줄에 앉으면 사회에 나가서도 앞줄에 앉게 된다.

언뜻 보면 중요하지 않아 보이는 편의적 기준이 인생을 바꾸는 경우를 메이저리그에서도 확인할 수 있다. 미국 프로야구 선수들의 생일은 대부분 1~3월에 밀집해 있다. 이러한 현상 또한 경로 의존성에서 비롯한다. 태어난 해를 기준으로 구성되는 리틀 야구 팀에서 같은 나이의 1월생과 12월생은 발육에서 크게 차이가 난다. 당연히 1~3월생이 좋은 활약을 하고 출전 기회도 훨씬 많이 얻게 된다. 그리하여 이들은 야구 기술이 더욱 발전하고 이후 더 좋은 팀으로 진출할 수 있다. 이러한 선순환을 거쳐 이들만이 리그에 남는다.[6]

고도성장기에 콩나물 교실과 함께 고시高試가 가치의 집중을 막는 역할을 한 측면도 있다. 고시는 전적으로 시험 실력으로 결판이 난다. 제3세계에서 국가 엘리트를 뽑는 과정이 우리나라처럼 공정 무사한 경우는 찾아보기 어렵다. 한국도 다른 개발도상국처럼 부패했지만 국가가 주관하는 각종 시험만큼은 깨끗했다. 이와 함께 고시 자체의 특성 역시 한몫했다고 본다. 고시 공부는 엄청난 인내심이 필요하다. 재기 발랄하고 재주가 많거나, 사회성이 우수하거나, 집안이 넉넉한 아이들이 오히려 불리하다. 이들은 다른 대안이 있기에 고시에 목숨을 걸지 않아도 된다. 따라서 엄청난 인내심을 발휘하기가 어렵다. 고시는 출세하고 싶지만 다른 선택의 여지가 없는 사람들에게 유리한 제도였다.

승자 독식과 새옹지마

장자가 산 속을 거닐다가 잎과 가지가 무성한 나무(山木)를 보았다. 목수는 그 곁에 발길을 멈추고서도 베지 않았다. 장자가 그 까닭을 물으니, "쓸모가 없어서"라고 대답하였다. "이 나무는 재목감이 못 되어 천수를 누리는구나"라며 장자는 중얼거렸다. 장자는 산을 나와 친구 집에 묵게 되었다. 친구는 반가워하며 마당쇠에게 거위를 잡아 삶으라고 하였다. 마당쇠는, "한 놈은 잘 울고, 한 놈은 잘 울지 못하는데, 어느 놈을 잡을까요?" 하고 주인에게 물었다. "울지 못하는 놈을 잡거라" 하고 주인이 말하였다. 다음 날 제자가 장자에게 물었다. "어제 나무는 재목감이 못 돼 제명대로 살 수 있었는데, 오늘 이 주인집의 거위는 재주가 없어 죽었습니다. 선생님은 장차 어느 쪽에 서시렵니까?" 장자가 웃으면서 말했다. "나는 앞으로 재주가 있는 쪽과 없는 쪽 사이에 서겠노라."[7]

나무는 잘나서 죽고 오리는 잘나서 산다. 세상살이가 이처럼 복잡하게 돌아간다면 우리는 큰 욕심을 부릴 필요 없이 중용의 정신에 따라 살 것이다. 그런데 세상이 단순해져서 그런지, 무조건 1등만 하면 행복해지는 세상이 되어버린 듯하다. 많이 가질수록 살기 편한 세상이다. 그래서 우리 모두가 욕심을 멈추지 못하는 것이 아닐까?

복잡하고 예측하기 힘든 불안한 세상에서는 좋은 인생이 계속 좋을 수 없고 나쁜 인생이 계속 나쁠 수 없다. 새옹지마의 인생이다. 새옹지마는 평등이다.

> 당나귀가 저는 먹을 짚도 넉넉하지 않은 데다 죽도록
> 고생만 하는데, 말은 남부럽지 않게 먹으며 보살핌을
> 받으니 행복하다고 부러워했다. 그러나 전시가 되자
> 완전무장한 전사가 말을 타더니 사방으로 몰고 다녔다.
> 적군의 한가운데로도 말을 몰았다. 그리하여 말은 부상을
> 당해 쓰러졌다. 그것을 본 당나귀는 생각이 바뀌어 말을
> 불쌍하다고 동정했다.[8]

그런데 만약 말 대신 당나귀가 전장에 나간다면 어떨까? 당나귀는 정말 억울할 것이다. 새옹지마가 작동하지 않는 세상에서는 제대로 먹지도 못한 당나귀가 전장에 나가고 말은 계속 외양간에서 풀을 뜯으며 산다. 새옹지마가 아니다. 차이가 더 큰 차이를 불러오는 경로 의존이다.

새옹지마는 통계학에서 발견한 '평균으로의 회귀 regression to the means'를 닮았다. 이는 우연적으로 발생한 극단값이 회를 거듭하면서 평균값으로 접근하는 통계학적 규칙성을 말한다. 큰 성공과 실패에는 (불)운이라는 우연이 크게 작동한다. 하지만 우연에 기댄 행운이나 불운은 계속되기 어렵다. 가령 아무리 잘나가는 농구 선수도 결국에는 자신의 실력만큼 골을 넣고 야구 선수 역시 자신의 평균 타율로 복귀한다. 신인왕은 다음 해에 대부분 2년 차 징크스에 시달린다. 우연이 계속 반복되긴 어렵기 때문이다.

인생이 새옹지마처럼 움직인다면 우리네 인생은 비슷비슷할 것이다. 우연으로 결정되는 행운과 불운이 모두에게 골고루 분배될 것이기 때문이다. 동전을 여러 차례 던지면 앞면과 뒷면이 결국 비슷한 횟수로 나오는 이치와 비슷하다. 엄청난 불행도, 엄청난 행운도 계속되지 않는 세상에서 우리네 살림살이는 적정한 정도로만 차이가 날 것이다.

고도성장기 한국 사회가 평등할 수 있었던 것은 교육의 평등과 공정한 시험제도에 힘입은 바가 크다. 일찍이 동양 사회에서는 관료가 귀족을 대체했고, 관료가 되기 위해서는 집안 배경과 상관없이 매우 어려운 시험을 통과해야 했다. 근대 한국 사회도 이러한 전통을 철저히 따랐다. 가정 형편과 상관없이 자신의 노력과 관운으로 고등고시에 합격하면 사회 지도층으로 진입할 수 있었다. 신분 상승의 욕망이 강한 가난한 집 출신들이 많이 합격했다.

그런데 요즈음 들어서는 '엄친아', '엄친딸'이라는 말이 널리 회자된다. 우리 사회에서 불평등이 심화되는 현상을 반영하는 말이다. 엄마 친구 자식들 중에는 공부도 잘하고 키도 크고 체육도 잘하고 미술과 음악에도 소질 있는 애들이 있다. 여기에 덧붙여 이들은 성격도 좋고 예의마저 바르다. 이렇듯 사회적으로 바람직한 가치가 한 사람에게 집중될 경우 사회적 불평등이 개선될 여지가 별로 없다.

●　　　　　**달마는 동쪽으로, 청춘은 어디로**　　　　　●

하늘의 도는 활시위를 당기는 것과 같다. 높은 것은 누르고 낮은 것은 올린다. 남는 것은 덜어 부족한 것을 보충한다. (······) 사람의 도는 부족한 것을 빼앗아서 풍족한 사람을 만든다.[9]

노자의 말처럼 자연 세계는 평등해지려 하지만 정치는 차이를 심화시킨다. 우리 인류는 오랫동안 독재 체제에서 살아왔다. 독재는 균형이 아니라 쏠림을 조장한다. 권력을 잡기만 하면 유지하기는 참 쉽다. 상상해 보라. 당신은 엘리트이고 출세하고 싶다. 누구 뒤로 줄을 서야 하는가? 당연히 권력자의 뒤에 줄을 선다. 그리고 당신의 선택은 독재자를 더욱 강하게 만든다. 이는 다시 더 많은 사람들의 줄 서기로 이어진다. 결국 독재자에게 모두가 몰린다. 집권 초기를 안전하게 넘기고 나면 대체로 죽을 때까지 독재자가 권력을 놓치지 않는 이유가 여기에 있다. 새로운 도전 세력이 나타나려면 상당한 정도의 승산으로 엘리트를 유인할 수 있어야 한다. 하지만 독재 체제하에서 이는 쉬운 일이 아니다.[10]

일단 자리를 차지한 승자는 참 쉽게 살아갈 수 있다. 능력과 관계없이 자리가 사람을 만들기 때문이다. 자리에 있으면 많은 문제는 저절로 해결된다. 한비자는 세勢를 높은 산꼭대기에 서 있는 굽은 소나무에 비유한다. 굽은 소나무는 높지도 강하지도 않지만 산꼭대기에 서 있기 때문에 군림할 수 있다. 사람들은 산꼭대기에 자리 잡은 소나무가 모두의 눈과 마음을 가졌다고 믿는다. 이러한 믿음이 있기에 사람들은 누구나 소나무의 명령을

따를 것이라고 믿는다. 그래서 산꼭대기의 소나무는 손
쉽게 권력을 행사한다. 굳이 훌륭한 인품으로 아랫사람
을 감동시키거나 설득할 필요가 없다.[11]

인생은 시계추가 아니다. 왔다 갔다 하는 인생이지
만 시계추처럼 좋은 일과 나쁜 일이 일대일의 비율로 기
계적으로 반복되지는 않는다. 동전을 몇 번 던져보라.
앞면과 뒷면이 번갈아 나오는 경우도 있지만, 한쪽 면이
연속해서 나오기도 한다.[12] 우연히 행운이 몇 번 연속해
서 찾아온 행운아는 그 행운들을 발판 삼아 자신에게 유
리한 인위적 장치를 만든다. 자신의 행운을 영속화하려
는 것이다.

평등한 세상을 원한다면 사회는 이를 막아야 한다.
우연한 몇 번의 행운을 영속화하고자 하는 개인들의 이
기심으로부터 우연을 보호해야 한다. 노력하고 실력을
쌓은 사람에게 언젠가 행운이 찾아가야 맹자의 다음 말
이 젊은이의 가슴에 영감을 줄 수 있다.

> 그러므로 하늘이 장차 큰 임무를 어떤 사람에게 내리려 할
> 때는 반드시 먼저 그의 마음을 괴롭게 하고 그의 근골을
> 힘들게 하며, 그의 몸을 굶주리게 하고 그의 몸을 곤궁하게
> 하며, 어떤 일을 행함에 그가 하는 바를 뜻대로 되지 않게

어지럽힌다. 이것은 그의 마음을 분발시키고 성질을 참을성 있게 해 그가 할 수 없었던 (큰)일을 해낼 수 있게 도와주기 위한 것이다.[13]

우연이 필연이 되는 세상은 무섭고 슬프다. 연예인은 몇 번의 우연으로 인생이 결정되는 직업이다. 연예인 지망생들은 계속된 성공 아니면 계속된 실패를 겪는다. 이들 중 누가 주요 배역을 얻느냐는 운에 달려 있다. 잘생기고 춤 잘 추고 노래 잘 부르는 사람은 수없이 많다. 이들을 구분할 객관적 기준이 있을 리 만무하다. 누가 몇 백억 원을 벌어들이는 스타가 될 것인가는 누가 제때 피디와 감독의 눈에 들 것인가에 달렸다. 대스타의 첫 관문은 그렇게 시작된다. 그리고 몇 번의 행운은 드디어 연기력 차이와 인기로 굳어진다. 이제 우연은 돌이킬 수 없는 필연이 된다.[14]

커뮤니케이션 기술의 발달로 인해 연예계에서는 승자가 모든 것을 독식한다. 2등은 기억되지 않는다. 20등쯤 되면 먹고살기가 녹록지 않다. 유명한 배우 몇 명이 주요 드라마 출연을 독점하고 사람들은 음원 차트 상위권에 있는 음악만 듣는다.

1등은 엄청난 부를 누린다. 나머지는 힘들다. 가늘

고 길게 가는 인생이 필요한 우리에게 연예인이라는 직업은 너무나 위험한 도박이다.[15]

반면에 교사는 많은 사람들에게 혜택이 돌아가는 직업이다. 교육계에서는 독식이 어렵기 때문이다. 교육대학 졸업생의 인생 역정을 한 번 추적해 보자. 교육대학 학과 1등과 10등 사이에 임금격차는 존재하지 않는다. 교육이라는 생산기술에는 대면 접촉이 필요하기 때문에 교사 한 사람이 담당할 수 있는 학생 수에는 상당한 제한이 있다. 나누어 가질 수밖에 없다.

승자가 독식하는 연예계에서 승자 역시 커다란 인간적 도전에 직면한다. 운 좋은 연예인 몇몇을 제외하고 대부분은 일찍 전성기를 맞은 후 쇠락의 길을 걷는다. 인생 전체를 통해 얻는 소득의 총합은 일반인에 비해 많을지 모른다. 하지만 이러한 인생의 굴곡은 주관적으로 느끼는 행복감에 치명적 해를 입힐 수 있다. 기대수준은 이미 올라갈 대로 올라간 상태에서 전성기를 지나 마주하는 현실은 기대 수준 근처에도 미치지 못한다. 좌절과 상실의 감정을 피할 길이 없다. 인기는 신기루처럼 사라진다. 대중의 호의적 판단인 인기는 중독성이 강하다. 대중의 무관심이 계속되면 금단현상이 일어난다. 심지어 고의로 사고를 내 이목을 끌고 싶은 생각마저 든다. 높은 수준의 소비에 익숙해져 웬만한 것에는 만족하지 못한다. 아직 어린 나이에 이런 괴로움을 견디기는 쉽지 않다.

이렇듯 돈과 명예를 소수에게 몰아주는 직업은 승자에게나 패자에게나 인간적으로 맞지 않다. 수많은 약점을 지닌 우리 인간에게는 적당히 나누어 가지는 직업과 세상이 더 맞지 않을까? 꿈을 꾸면서 가늘고 길게 사는 인생이 좋은 인생이 아닐까? 사회가 꿈을 만들어줄 필요는 없다. 우리는 스스로 꿈을 꿀 수 있게 태어났다. 다만 불안하면 꿈을 꿀 수 없는 약한 존재이다. 위대한 도전과 승리를 위해서는 시간과 마음의 여유가 우리 모두에게 필요하다.

● 인식 편향에 따른 직업 선택의 원칙 ●

경험주의자 베이컨Francis Bacon의 언명처럼 '부재를 감각하기sense of absences'는 너무나 어렵다. 실재는 감각을 자극하지만 부재는 이를 찾아보겠다는 마음을 미리 먹어야만 알 수 있다.[16]

부재를 감각하지 못하기 때문에 우리는 자신이 볼

수 있거나 알 수 있는 것만이 존재한다고 생각한다. 자신이 볼 수 없는 것이나 알 수 없는 것은 존재하지 않는다고 여기는 것이다. 예를 들면 모유의 좋은 점을 아직 알지 못하던 시절에는 모유보다 분유가 우월하다는 믿음이 팽배했고, 여유가 있는 집에서는 경쟁적으로 분유를 사다 먹였다.[17]

일희일비하는 모습 역시 보이지 않는 것은 보지 못하는 우리의 어리석음에서 비롯된다. 우리는 좋은 직장에 취직하면 오랫동안 행복할 것이라는 착각에 빠진다. 적응성을 무시한 채 눈앞에 보이는 것만 상상하기 때문이다. 높은 급여, 좋은 복리후생 등 자신이 평소 꿈꾸는 희망 사항만이 미래에 존재한다고 착각한다. 야구를 좋아하는 사람이라면 한국 시리즈에서 자신이 응원하는 팀이 이기면 기쁜 마음에 며칠 동안 기분 좋게 지낼 거라 기대한다. 하지만 여기에는 다른 일상의 삶이 빠져 있다. 시합이 끝나면 우리는 시험 준비나 업무 마무리를 위해 책상 앞에 앉아야 하는데도 이를 미리 생각하지 못한다. 상상이 무엇을 놓치고 있는지 미처 알아채지 못한다. 우리 마음에 활성화된 것만을 생각하기 때문이다.[18]

부재를 느낄 수만 있다면 우리 인생은 더 만족스러울지 모른다. 베트남전에서 전사한 애인을 그리며 어느 여성은 이렇게 말했다. "그래요, 내 생각과는 달리 당신이 하지 않은 일이 참 많았어요." 놀라운 고백이다. 애인의 죽음 앞에 현명해진 여성의 노래처럼 들린다. 선물을 해주거나 맛집에서 밥을 사준 일 등 상대가 해준 일들을 기억하면서 우리는 상대의 사랑과 호의에 감사한다. 하지만 그가 하지 않은 일에 대해 감사하기는 쉽지 않다. 당하지 않은 못된 행동, 생기지 않은 불행 등에 감사할 수 있다면 우리의 삶은 더 만족스러울 것이다.

부재를 감각하지 못하는 인식의 한계는 호사가의 담소거리만은 아니다. 당신이 공무원 시험에 합격해서 부서를 결정해야 한다고 하자. 당신은 사고 예방 관련 부서와 개발 부서 중에서 택할 수 있다. 어디로 가야 더 칭찬받고 덜 비난받을까?

평소 열심히 사고를 예방하여 문제가 발생하지 않으면 시민들은 사고의 부재에 고마워하지 않는다. 또 다른 일상의 연속으로 당연시한다. 칭찬과 감사는 고사하고 오히려 힐책과 비난이 돌아올지 모른다. 가령 어느 공무원이 항공 관련 규제 조항을 신설했고, 아무도 상상하지 못한 끔찍한 일을 그 조항 덕분에 예방할 수 있었다. 그런데 칭찬은커녕 비난만이 그를 기다리고 있다. 관련 업계는 이 깐깐한 공무원을 성가신 존재로 여기고 다양한

인신공격으로 그의 승진과 출세를 가로막는다.[19]

하지만 사고가 발생하고 나면 그런 위험을 감지했다고 주장하는 사람들이 바로 나타난다. 이처럼 사고의 가능성을 사전에 꽤 높게 인지하고 있었다고 믿는 것을 후견지명 혹은 사후 확신 편향hindsight bias이라고 한다. 미처 예상치 못한 사건이 벌어지면 부지불식간에 우리는 모든 것을 사건 발생의 징후로 새롭게 인식한다. 어제 생각지 못한 오늘의 결과를 보면서 '그럴 줄 알았지'라며 꾸짖고 조롱하는 것이다.[20] 사고를 예방하지 못한 공무원은 사람들의 후견지명으로 인해 인사상의 불이익 등 치명적 상처를 입는다. 우리 모두가 사건 발생 가능성을 사전에 제대로 인지하지 못했다는 사실은 망각한 채 사후에 조정된 인식에 따라 책임자를 처벌하는 것이다.

부재를 감각하지 못하는 인식의 한계 때문에 유리한 사람도 있다. 개발 업무를 담당하는 이들이다. 당신이 예산을 분배하고 전략 산업을 육성하는 임무를 맡았다고 가정하자. 이 경우 과연 시민들은 예산을 A사업에 투자하는 대신 B사업에 투자해야 한다고 생각할 수 있을까? 현재 사업의 기회비용이 무엇인지도 불분명하다. 이 예산으로 할 수 있었던 더 중요한 다른 일은 머리에 떠오르지 않는다. 눈앞에 보이는 것이 전부이다.

정치인과 공무원이 예산을 투입하여 성과를 내면 구경꾼인 시민들은 칭찬한다. 여기에 딴죽을 걸려고 달려드는 세력만 없으면 말이다. 틀렸다고 누가 이야기하지 않으면 우리는 중요한 다른 무엇을 놓치고 있다는 사실을 인지하기 어렵다. 부재를 감각하지 못하기 때문이다. 외부 세력이 새로운 대안을 제시할 때까지 우리 대부분은 자기 앞에 놓인 선택에 대해 의문을 품지 않는다. 그래서 개발 부서에서는 정부 예산을 가지고 무엇이든 사회적으로 바람직한 결과를 만들기만 하면 칭찬받을 수 있다.

바쁜 일상을 살아가는 시민을 대신해 지도자는 요모조모 따져봐야 한다. 바쁘게 돌아다니는 대신 방에서 게으름을 피우며 다양한 대안을 머릿속에 그리고 있어야 한다. 그래야만 부재를 감각하지 못하는 인식의 한계를 극복할 수 있다.

● **그래도 멋진 사람이 되자: 중용의 멋** ●

멋있다고 출세하는 것은 아니지만 그래도 멋진 사람이 멋진 인생을 살 수 있다. 멋을 사회과학적으로는 어떻게 이해할 수 있을까?

잘생긴 사람은 재미가 없어도 얼굴이 재미있다고들 한다. 이 말처럼 얼굴이 잘생긴 친구는 후광효과halo effect 의 덕을 톡톡히 볼 수 있다. 반대로 '깬다'는 표현도 있다. 잘생긴 사람이 입을 열었는데, 지적 수준이 현저히 떨어지거나 예의가 없으면 크게 실망하는 것이다.

이른바 '깨는' 모습을 보면 멋은 덧셈이 아니라 곱셈인 듯하다. 멋을 구성하는 요소는 여러 가지이다. 만약 덧셈이라면 여러 요소 중 하나만 아주 뛰어나도 전체 값은 올라간다. 하지만 곱셈일 경우 하나라도 제로에 가까울 정도로 낮으면 전체 값은 크게 떨어진다.

이는 식물학에서 이야기하는 최소 양분의 법칙과 유사하다. 식물의 성장은 필수 영양소 중 가장 적게 투입된 요소에 좌우된다. 따라서 식물이 제대로 성장하기 위해서는 모자라는 양분이 없어야 한다. 특정 양분이 엄청나게 많이 제공되더라도 어떤 양분이 부족하면 말짱 도루묵이다. 성장을 위해 식물은 양분을 골고루 섭취해야 한다.

행복도 그렇다. 행복하기 위해서는 모든 것을 골고루 누려야 한다. 돈도 있어야 하고, 건강해야 하며, 어느 정도 지적이어야 하고, 친구도 적당히 있어야 하며, 열정을 쏟을 일과 사람도 필요하다. 이들 중 하나라도 없으면 행복한 삶을 영위하기 힘들다. 불행한 이유는 그래서 사람마다 다르다.

멋있는 사람은 멋을 구성하는 다양한 요소를 골고루 갖추고 있다. 적당한 키, 외모, 예술적 감수성, 패션 감각, 체력, 성적 매력, 지적 능력 등. 멋있는 사람이 되기 위해서는 전인교육이 필요하다. 왕자님이 진짜 멋있는 이유는 어렸을 때부터 전인교육을 받고 자랐기 때문이다. 진정한 '엄친아'이다.

그런데 외모가 뛰어난 사람이 반드시 멋있는 사람이 되는 것은 아니다. 외모가 뛰어난 경우 '왕자병', '공주병'에 걸릴 확률이 높을 것이다. 왕자병, 공주병은 고착형 마음가짐fixed mindset을 낳는다. 고착형 마음가짐은 매력, 지력, 성격 등 개인의 내재적 능력과 특질이 일정하게 고정되어 있다는 믿음이다. 이미 왕자이고 공주인 사람은 자신의 가치와 자질을 갈고 닦을 필요성을 크게 느끼지 않는다. 오히려 노력하는 것을 두려워한다.[21]

하나의 가치가 너무 크면 다른 가치를 키울 필요성을 느끼지 못한다. 과유불급이다. 멋은 '중용'과 통한다.

중용의 법칙을 그래프로 묘사해 보자. 중용의 곡선은 반달을 닮았다. 빨리 정점에 도달하고 이를 지나자마자 부정적 효과가 바로 나타난다. 예를 들어 부모가 돈이 너무 없어도 자식 교육이 어렵지만 돈이 너무 많아도 자식 교육이 어렵다. 너무 못나도 멋이 없지만 너무 잘나도 멋이 없다. 이것이 중용의 법칙이다.[22]

그렇다면 어떻게 해야 멋진 사람이 될 수 있을까? 할리우드 영화를 보면 멋진 사람은 거침이 없는 듯하다. 영화에서는 "너의 본모습대로 행동해라be yourself"라는 대사를 참 많이 들을 수 있다. 너 자신을 믿고 자신을 있는 그대로 상대에게 보이는 진정성이 상대를 감동시킨다는 이야기이다. 하지만 여기에는 잘못된 가정이 내포되어 있다. 불변의 고정된 자아가 존재한다는 가정이다.

"내 속엔 내가 너무도 많아"라고 했던가? 내부에서 갈등하고 있는 모순적인 기질 중 하나가 일정한 외부적 자극에 반응해서 밖으로 표출된다. 그리고 새로운 패턴을 만나면 새로운 기질이 나온다. 응석받이 막내아들은 집과 학교에서 완전히 다르게 행동한다. 불변하는 진짜 네 모습은 없다.[23] 인생은 너 자신이 되어가는 과정이다becoming yourself.

노력이 당신을 변화시킬 수 있다. 현대 사회심리학은 그 근거를 무한히 제공한다. 더 구체적으로 말하자면, 행위는 태도의 변화를 유발한다.

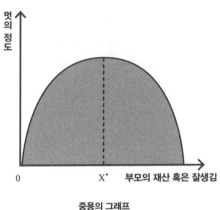

중용의 그래프

태도와 인성을 마음만으로 바꿀 수 있다면 얼마나 좋겠는가? 하지만 마음을 다스리려 산으로 들로 아무리 헤매어보았자 얼마 지나지 않아 노력은 도로아미타불이 된다. 세상으로부터의 분리가 아니라 세상으로의 적극적 개입을 통해서만 우리는 우리 자신을 변화시킬 수 있다. 오랜 행위 틀 안에서 형성된 인성과 가치를 바꾸기 위해서는 새로운 행위 틀이 필요하다. 새로운 행위 틀을 통해 새롭게 행동함으로써 일상의 틀에서 벗어나 새로운 태도를 경험할 수 있고 이를 반복하면서 다른 자아가 자리 잡을 수 있다.[24]

사랑스러운 행위만큼이나 나쁜 행위도 태도의 변화

를 유발한다. 더욱이 부정적인 것에 예민한 우리의 반응을 염두에 둘 때 나쁜 행위의 영향력은 더욱 강력할 수 있다. 김동인은 소설 「감자」에서 주인공 복녀가 조금씩 자신의 태도와 신념을 바꾸는 과정을 그리고 있다. 복녀는 선비에서 촌농으로 몰락한 집안의 딸이다. 그는 처음에는 처지가 비슷한 이웃과는 다르게 살아간다. 집안의 분위기 탓에 도덕을 의식하며 지낸다. 그러나 점점 타락해 간다. 그 타락 과정은 급진적이지 않다. 구걸을 시작하면서 도덕적 자존감을 포기하고, 도둑질을 하다 들켜 감독관에게 몸을 팔고 나서는 손쉬운 돈벌이에서 재미를 느낀다. 마침내 물주 왕서방이 다른 여자와 결혼하자, 발끈해서 돌발 행동을 벌이다 죽음에 이른다.

　우리 자신의 변화는 우리도 모르는 사이에 일어난다. 주저하면서 한 발이 문턱에 걸쳐 있으면 나머지 한 발도 곧 문턱을 넘는다. 그리고 얼마 지나지 않아 몸은 방 안 깊숙이 들어가 있다. 일단 별 부담 없이 자발적으로 행한 사소한 행위를 통해 자신의 정체성을 새롭게 규정하거나 기존의 생각과 태도를 바꾸어 행위를 정당화한다. 그리고 이러한 내적 변화는 좀 더 강한 행위를 자극한다. 이렇게 우리는 점차 새로운 인간으로 탈바꿈하는 것이다.[25] 사소하지만 지속적인 노력을 통해 자신을 좋은 방향으로 적극적으로 다듬어갈 때 멋을 찾아갈 수 있을 것이다.

5

생활의 발견

큐레이터가 그림을 설명해 주면 그림이 완전히 새롭게 보이고 요리 연구가와 함께 장을 보면 식재료 하나하나가 이야깃거리가 된다. 사회과학에 비추어 평범한 일상을 재조명하면 새롭고 흥미진진한 이야기를 만날 수 있다. 그리고 기대에 훨씬 못 미치는 우리의 못난 자화상을 일상의 경험에서 쉽게 발견한다. 이것이 일상에의 몰입이며 하학이상달이다. 행복이 멀리 있지 않은 것처럼 인간 세상의 심오한 비밀도 멀리 있지 않다.

먼저 일상에서 우리의 궁상맞은 모습 몇 가지를 상세히 살펴본다. 사회 관계망 서비스의 함정에 빠진 우리 자신이 다소 서글프다. 왜 사회 관계망 서비스를 보고 나면 나도 모르게 기분이 우울해질까? 남들의 화려한 일상만 보이는 사회 관계망 서비스에 속아 자신의 삶을 초라하게 인식하는 오류의 기원을 심리학에서 찾아본다.

왜 몇몇 학생들은 혈액형으로 다른 사람을 평가하기를 그리도 좋아할까? 혈액형의 보검을 마구 휘두르는 학생에게 묻고 싶다. "혈액형으로 당신의 발표 태도를 문제 삼는 교수를 어떻게 생각하는가?" 사회심리학은 인간의 현실 인식에서 다양한 문제점을 파헤친 바 있는데, 혈액형에 매몰된 우리의 자화상을 이 연구를 통해 분석한다.

지하철에서 앉으려 이리저리 자리를 옮겨 다녔지만 결국 앉지 못하게 되자 세상이 나를 괴롭히려 작정했다는 저주를 퍼부은 적이 있는가? 하늘에서 떨어진 배설물을 맞고 비둘기마저 나를 괴롭힌다고 우울해한 적이 있는가? 당신의 저주와 슬픈 기분은 무작위로 작동하는 운을 고려하지 못하고 인과적 이야기만 너무 좋아하는 인식의 근본 오류 때문이다. 간단한 통계적 원칙을 고려하지 못해 일어나는 다양한 인식 오류를 살펴본다.

그다지 튼튼해 보이지 않는 문을 우리는 열심히 닫고 다닌다. 열려고 마음만 먹으면 열 수 있는 문을 왜 굳이 닫고 다녀야 할까? 우리 인간은 어중간하게 착한 본성을 타고났기 때문이다. 적당한 장애물을 설치함으로써 우리는 다른 사람의 악한 행동을 억지할 수 있다. 적당히 착한 우리의 본성을 이용하는 생활의 지혜에는 어떤 것이 있는지 알아보자.

'포샵질'에서는 우리의 제한된 정직성을 볼 수 있다. 다른 이의 사진을 자신이라 우기지는 않지만, 다른 이로 착각을 불러일으킬 만큼 처리된 자신의 사진에는 당당하다. 제한적 정직성에 대한 행동과학의 통찰을 통해 '김영란법'이 국회를 쉽게 통과한 이유 또한 찾아본다.

어눌한 말투의 사기 전화(보이스 피싱)는 정말 바보스러운 짓일까? 왜 립스틱과 텀블러는 좋은 선물일까? 옆방에 부모님이 주무시고 모기가 날아다니는 한여름 밤 당신은 모기약과 모기장 중 어떤 것을 선택할 것인가? 당신은 이 질문들에 어떻게 답할 것인지 궁금하다. 주류 경제학과 행동경제학은 이 질문들에 흥미진진한 답을 제공하고 있다.

이제 우리의 궁상맞은 일상 속으로 들어가 보자.

비교쟁이, 따라쟁이

길게 보면 인생은 좋은 일과 나쁜 일이 풍경처럼 뒤섞여 펼쳐진다.

제멋대로 움직이는 운 때문에 결국 우리 모두가 주관적으로 경험하는 행운과 불행은 비슷비슷할 것이다. 그리고 인생의 많은 사건은 양면적이다. 사랑이 깊어지면, 만남이 기쁜 만큼 이별이 슬프다. 좋은 일도 왔다 가고 슬픈 일도 왔다 간다. 그 속에서 우리는 새로운 쾌락에 곧 익숙해지고, 새로운 슬픔에 심리적 면역 체계를 작동시켜 견디며 지나간다.

하지만 인간은 얻는 기쁨보다 잃는 슬픔을 더 많이 느낀다. 다음 그래프는 같은 양의 좋은 일(+)과 나쁜 일(−)이 반복되는 양상을 표현하고 있다. 전체 값은 0으로 수렴한다. 하지만 행동경제학의 수식인 '$u(x) < |u(-x)|$'이 표현하듯이 기쁨보다 슬픔이 강하기 때문에 주관적 효용의 합은 음의 값을 가진다. 그러니 집착을 버리고 계속 0의 상태로 있으려는 부처의 전략이 옳을지도 모른다.

운의 무작위성으로 행운과 불행의 전체 값이 0으로 수렴한다면, 사람들의 인생도 큰 차이 없이 공평할 것이

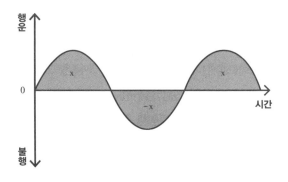

새옹지마의 그래프

다. 그런데 인생의 공평함에 대한 믿음을 흔드는 것이 있다. 다양한 소규모 집단에서 발행하는 소식지이다. 가령 동창회보에서 회원의 개인사를 읽고 있으면 왠지 우울해진다.

우리는 모두 비교쟁이의 운명을 타고났다. 아무리 현자들이 다른 사람과 비교하지 말고 자신의 일에서 즐거움을 찾으라고 조언해도 여러 사람의 성공담은 대체로 감당하기 어렵다. 특히 소식지에 등장하는 이들은 내가 비교 대상으로 생각하는 사람들이다. 연예인이나 재벌의 성공담은 마음을 흔들지 않지만, 같은 직업에 종사하는 사람들의 성공담은 나를 초라하게 만든다.

그런데 소식지에는 누가 승진했고, 좋은 자리로 옮

겼다는 소식만 실린다. 누가 사고를 쳤고 며칠째 술로 지샌다는 이야기는 어디에도 없다. 분명히 구성원 중에 인생의 어려움을 겪는 사람도 있을 텐데 말이다. 그런데 우리는 누가 실패했다는 소식은 소식지에 실리지 않는 다는 사실을 인식하면서 읽는 게 아니다. 우리는 부재를 감각하지 못한 채 보이는 것만 보기에 남들은 모두 성공 하고 출세했다는 착각에 빠진다. 상대적으로 나만 뒤처 지고 있다는 우울한 감상이 스며든다.

사회 관계망 서비스에 올라오는 여러 사람의 인생 이야기 역시 우리를 초라하게 만든다. 당신에게 보이는 지인의 삶은 이국적인 장소로의 여행, 고급 식당에서의 우아한 식사, 친구들과의 즐거운 시간으로만 가득 찬 듯 하다. 당연히 자신이 초라해질 수밖에 없다.

아마도 사회 관계망 서비스는 인간의 욕망 두 가지 를 해결해 주는 것 같다. 다른 사람과 연결되고 싶은 욕 망, 자기 이야기를 하고 싶은 욕망이다. 그런데 우리는 공적 영역에서 자기 이야기를 할 때 매우 조심해야 한 다. 우리는 사적 공간에서도 완전히 솔직할 수 없다. 그 러니 공적 공간에서는 당연히 과장과 극적 연출을 행한 다. 나는 멋진 사람이며 지금 유행하는 것이 무엇인지 아는 '쿨'한 사람이라는 인상을 남기고 싶다. 그리고 정말로 멋지고 행복한 삶을 살고 있다고 남들에게 보여 주고 싶다. 공적 공간에서 자신의 사적 신념이나 태도, 인생 역정을 밝히는 일은 거짓말쟁이가 되는 지름길이다.

사회주의 사회에서 행해진 자아비판 역시 마찬가지다. 사람들이 매일 공개적으로 자아비판을 해야 하던 사회주의 사회는 거짓말쟁이를 양산한 사회이다.[1] 중국에 사람들은 모두 도덕과 규범에 대해 아주 냉소적인 태도를 보였다.

그렇다. 지인들이 사회 관계망 서비스에 올린 이야기는 오류, 위선, 과장, 취사선택으로 얼룩져 있다. 하지만 우리는 이를 충분히 감안하지 못한다. 액면 그대로 믿거나 정박 효과anchoring effect에 속아 넘어간다. 정박 효과란 상대가 제시한 기준을 자신도 모르게 판단의 시작점으로 삼게 되는 현상을 말한다. 그리고 자신의 불행을 반추하면서 이상하리만치 행복한 지인의 모습에 의기소침해진다.

사회 관계망 서비스를 조심해야 하는 이유는 또 있다. 사회 관계망 서비스에서는 토론이 실종되고, 일시적 감정에 휩싸인 여론 몰이가 판을 친다. 근대의 이상적인 인간형은 주체적이고 자율적이며 자유롭고 독립적인 존재이다. 하지만 현실의 인간은 이와는 크게 다르다. 자유롭게 창조하는 대신 자유롭게 따라 한다. 자신의 의견을 고집하기보다는 여론에 맞춘다. 고집쟁이가 드물다. 특히 특정 인물에 대한 평가에서는 지배적 의견에 쉽게 동화된다. 내 눈으로 직접 관찰해 판단하겠다는 의지를 갖는 대신 다수 의견에 동조해서 어떤 사람을 칭찬하거나 비난한다.[2]

자유로운 개인이 충분히 독립적이기만 하다면 집단 지성의 힘을 통해 진실에 접근할 수 있을지도 모른다. 큰 자루 안에 콩이 몇 개나 들어 있는지를 알려면, 가능한 한 많은 사람에게 추정치를 적어 내게 한 다음 평균을 내면 된다. 참여자가 많을수록 정답에 가까워진다. 이것이 바로 집단 지성의 힘이다.[3] 이 과정에서 집단 지성이 제대로 작동하려면 서로 토론하지 말아야 한다. 공개적 토론에서 다른 사람의 의견을 들은 사람은 자신의 의견을 조정한다. 조금 더 권위적인 목소리에 동조한다.

일반적으로 두 가지 이유에서 우리는 다수의 의견에 크게 휘둘린다. 첫째, 다수의 의견은 진실일 가능성이 높다고 믿는다. 둘째, 다수의 입장에 동조함으로써 집단에 받아들여지기를 원한다. 동조는 동의가 되고 수용이 된다. 이 두 가지 이유에서 우리는 여론을 궁금해하고 이에 부화뇌동附和雷同한다.[4]

이렇게 우리는 다수의 선택에 의지해서 애매모호한 세상을 해석해 버린다. 지하철 전동차 문틈으로 연기가 들어온다. 마술 쇼를 하는 것인가, 차체 결함인가, 아니면 누가 옆 칸에서 불을 지른 것인가? 불안한 마음에 주위를 둘러본다. 그런데 모두가 침착하게 앉아 있는 것 같다. '그럼 나도 혼자 날뛰지 말고 점잖게 앉아 있어야지. 별일 아닌가 보다'라고 생각하며 짐짓 편안한 척 조용히 앉아 있다. '아뿔싸!' 당신이 그들을 바라보는 그 짧은 순간에 그들 역시 당신을 바라보고 있다. 찰나의 순간에 사람들은 서로를 바라보면서 이 상황이 안전하다고 해석한다. 다수는 우리가 혼란을 피하려 할 때 찾게 되는 피난처이다.[5]

소문은 개인에 대한 험담이 대부분이다. 그런데 개인의 인격은 다른 무엇보다도 애매모호하다. 어떤 사람의 인격을 나타내는 단어들 중 어느 단어를 먼저 읽는가에 따라서도 느낌이 확연히 달라진다. '지적인 자가 고집스럽고 차가운 경우'와 '차갑고 고집스러운 자가 지적인 경우'는 천양지차다. 전자는 천재이지만 후자는 냉혈한이다.[6] 게다가 개인의 성격과 자질에 대한 평가에서 소문은 결정적이다. 소문은 하나의 선입견을 만들어내고 다른 모든 특성은 이 선입견에 맞추어 재해석된다. 모호함은 사라지고 분명한 특성이 하나 추출된다. 그리고 심지어 본인 자신도 여론의 부정적 평가를 믿기 시작한다. 다수의 힘이자 무서움이다.

올바른 판단을 원한다면 『논어』「자로」편에 나오는 다음 가르침에 주목하라.

> 자공이 물었다. "고을 사람들이 모두 그를 좋아한다면
> 어떻습니까?" 공자께서 말씀하셨다. "그것으로는
> 부족하다." "고을 사람들이 모두 그를 미워한다면
> 어떻겠습니까?" 공자께서 말씀하셨다. "그것으로는
> 부족하다. 고을 사람들 중의 선한 사람들이 그를 좋아하고,
> 선하지 못한 자들은 그를 미워하는 것만은 못하다."
> 子貢問曰 鄕人皆好之何如 子曰 未可也 鄕人皆惡之何如
> 子曰 未可也 不如鄕人之善者好之 其不善者惡之

모두가 한 인물을 똑같이 칭찬하거나 비난한다면 여기에는 여론의 압력이 강하게 작용한다고 보아도 무방하다. 구성원 중 선한 사람도 있고 악한 사람도 있을 터인데 모든 사람의 의견이 하나로 모인다면 그 의견은 경계의 대상이다. 어떻게 해야 여론에 휘둘리지 않는지는 『논어』「위령공」편을 보면 뚜렷이 알 수 있다. 공자는 자

신의 눈과 귀와 머리로 반드시 살피라 한다.

많은 사람이 미워하더라도 반드시 살펴보아야 하며 많은
사람이 좋아하더라도 반드시 살펴보아야 한다.
衆惡之 必察焉 衆好之 必察焉

만약 공자 같은 사람이 한 명만 있어도 여론의 위력
은 크게 축소된다. 독립적인 사람 한 명은 침묵하는 집
단에 용기를 불어넣는다. 한 명의 오답은 사람들이 다
수의 압력을 이길 수 있도록 도와준다. 당신의 독립적인
관찰과 판단은 맞고 틀림을 떠나 여론의 야수적 힘을 막
는 방패가 된다.

스스로 관찰해 판단하려면 한 발짝 물러서는 것이
필요하다. 우리는 사회 관계망 서비스 안에서 비교를 하
며 절망하고, 여론에 떠밀려 몰지각한 판단과 행동을 한
다. 같은 정보를 계속 추적하고, 다른 해석이나 평가가
가능하다는 상상은 하지 못한다. 잠시만이라도 고개를
돌려 두리번두리번해라. 다른 쪽을 보면 다른 생각이 들
것이다.

내가 웃는게 웃는게 아니야

학생들은 확신에 차서 다른 학우의 성격을 혈액형과 연관시킨다. 여의치 않은 경우에는 'A형 같은 O형' 식으로 더욱 세밀하게 분류한다. 전문가의 향기가 난다. 개념이 분명하고 미세한 차이를 아는 듯하다.

왜 이리도 혈액형에 매달릴까? 첫째, 성격이라는 개념이 매우 애매모호하기 때문일 것이다. 사려 깊은 행동은 소심한 행동으로 인식될 수 있고, 성급한 행동은 용감한 행동으로 보일 수 있다. 애매모호한 행동들은 혈액형 성격 가설이 제시하는 성격 틀에 따라 쉽게 규정된다. 둘째, 확증 편향 때문일 것이다. 확증 편향이란 가설에 부합하는 증거만을 찾아내어 가설을 확증하려는 성향을 말한다. 혈액형 성격 가설에 부합하는 행동들을 찾아내고 애매모호한 행동은 혈액형 성격 가설에 맞도록 해석하는 것이다. 셋째, 근본귀인오류fundamental attribution error 때문일 것이다. 근본귀인오류란 다른 사람의 행동은 그 사람의 내면적 태도와 성격에서 비롯한다고 여기는 데 반해, 자신의 행동은 상황 요인에서 비롯한다고 여기는 편향을 말한다. 이러한 인식 편향은 혈액형이 내면의 기질적 패턴을 만든다는 믿음과 만나면서, 혈액형 이론가

들이 다른 사람의 행동을 설명하기 위해 혈액형에 전적으로 매달리게 한다.

혈액형 성격 가설을 평가할 때 신뢰도reliability와 타당도validity를 헷갈리지 말아야 한다. 신뢰도란 측정을 반복했을 때 동일한 결과가 나오는 정도를 가리킨다. 타로 등에 공식이 있고 이를 정확히 안다면 누가 점을 보든 동일한 결론에 도달한다. 혈액형 성격 가설을 공유한 사람들 역시 서로의 의견에 동의한다. 신뢰도는 있다. 서로가 각자의 진단에 동의하면서 혈액형이 성격에 지대한 영향을 미친다는 확신을 더욱 공고히 한다. 하지만 신뢰도는 타당도를 보장하지 않는다. 타당도란 측정 기준과 측정 대상 간에 관련이 있는 정도를 가리킨다. 혈액형 성격 가설을 공유한 사람들은 모두 똑같은 오류가 있는 줄자를 함께 가지고 있는 셈이다. 똑같이 틀린 것이다.[7]

만약 혈액형이 그토록 개인의 행동을 규정한다면 우리는 역으로 행동을 보고 혈액형을 맞힐 수 있어야 한다. 그런데 행동으로 혈액형을 판단할 경우 혈액형 전문가들의 결론이 서로 다를 가능성이 농후하다. 각자가 해석하는 행동의 특성이 다를 것이기 때문이다. 혈액형 성격 가설이 행동의 애매모호성을 제거해 버린 것이지 행동 자체는 애매모호성으로 가득 차 있다. 내가 웃는 게

웃는 게 아니고 우는 게 우는 게 아닌데 과연 이를 다른 사람이 포착할 수 있을까?

게다가 행동은 미묘한 상황 변화에 매우 민감하게 반응한다. 학급 반장인 막내는 학교와 집에서 행동이 완전히 달라진다. 성격보다 상황이 행동에 더욱 강력히 영향을 미치는데 어떻게 행동으로 혈액형을 알아낼 수 있겠는가? 행동으로 혈액형을 알아내는 것은 전혀 가당치 않다.

혈액형 성격 가설을 굳게 믿는 학생에게 묻고 싶은 질문이 하나 있다. 만약 교수가 혈액형으로 학생을 평가한다면 이 평가를 편한 마음으로 받아들이겠는가? 아마 '말도 안 돼'라는 반응이 대부분일 것이다. 교수가 학생의 발표 내용이 나쁜 것을 혈액형으로 인한 소심한 성격 탓으로 돌린다면 아무리 혈액형 성격 가설을 신봉하는 학생이라도 교수의 직업적 능력에 커다란 회의를 품을 것이다.

●   **지하철 자리 앉기와 음모론**   ●

당신은 지하철에서 서서 가고 있다. 다리가 아파서 자리에 앉고 싶다. 곧 내릴 것처럼 가방을 챙기는 사람 앞으로 살짝 옮겨 선다. 그런데 당신이 떠난 자리 앞에 앉아 있던 노인이 내리는 것이 아닌가? '세상이 나를 괴롭히려 작정했다'는 착각마저 든다. 그리고 소심한 당신은 더욱 의기소침해서 '운이 과연 내 편인가'라며 지금껏 자신이 겪은 다양한 불운을 떠올릴지도 모른다. 대중교통을 이용하면서 우리 모두가 가끔씩 경험하는 일이다.

가만히 있든 자리를 옮기든 우리는 비슷한 확률로 앉아서 가거나 서서 간다. 자리를 옮겨 성공하기도 하고 실패하기도 한다. 세상은 당신의 선택과 관계없이 무작위로 움직이기 때문이다. 문제는 우리 기억이다. 우리는 자리를 옮겨 쉽게 앉을 수 있었던 경우를 기억하지 못한다. 왜냐하면 기억할 만하지 않기 때문이다. 반대로 앉아서 가려고 다른 자리로 옮겼다가 손해를 본 경우는 기억할 만하다. 머피의 법칙은 우리 기억의 장난질에서 비롯되는 신기루다.

관절염 환자는 흐린 날 유독 무릎이 심하게 아프다는 통설이 있다. 누구도 의심하지 않는 통설이다. 미국 환자 역시 한국 환자와 똑같이 믿는 모양이다. 모든 것을 의심하라고 가르치는 심리학자가 환자들에게 매일 통증을 기록하도록 했다. 이후 통증의 정도와 날씨를 비교한 결과 날씨와 통증 사이에는 아무런 상관성도 존재하지 않았다. 더욱 놀랍게도 실험 참가자들은 이 결과를 여전히 믿지 않았다. 당신도 어머니에게 이 실험 결과를 한 번 말해 보라. 아마 역정을 내실 것이다.

'세상이 나를 괴롭히려 작정했다'는 착각은 음모론에 귀가 솔깃해지는 우리의 모습과 닮았다. 음모론이 설득력을 갖는 것은 우리의 반과학적 태도 때문이다. 우리는 믿고 싶은 정보나 눈에 들어오는 정보만 고려하고, 반대되는 다른 정보를 무시한다. 1941년 미국 대통령 루스벨트가 진주만 공습이 임박했음을 파악하고도 고의로 첩보를 무시하여 전쟁을 유도했다는 설이 있다. 분명히 일본의 진주만 폭격에 대한 첩보가 10여 건 있었다. 이는 음모론을 확증하는 증거로 제시된다. 하지만 음모론자들은 일본이 필리핀 침공을 준비한다는 첩보가 당시 100여 건 있었다는 사실에 대해서는 함구한다. 태평양 도처에서 일본의 공격을 암시하는 첩보가 난무하는 상황이었으니, 미국이 진주만에만 집중하여 수비할 이유는 없었다고 보는 것이 옳은 역사 해석일 것이다.

편향적으로 수집된 증거는 기존 믿음을 확증해 주지만 과학적으로 타당한 결론을 제공하지는 않는다. 이런 식의 태도로 인해 '비둘기가 나를 향해 고의적으로 배설물을 발사했다'고 믿을 수도 있다. 만약 하늘에서 침이 자신에게 떨어졌다면 고약한 어린애들의 고의를 의심해도 틀리지 않을 것이다. 그렇지만 어린애들이 아닌 비둘기의 고약한 심보를 의심하려면, 비둘기가 하늘을 날면서 떨어뜨린 전체 배설물 중에서 나를 맞히지 못한 경우를 고려해야 한다.[8]

우리는 비둘기의 조준 실력에 놀라는 만큼이나 점쟁이의 신통력에 놀란다. 비둘기 똥이 우리의 어깨를 맞힌 사건만을 주목하듯 점쟁이의 두루뭉술한 예측이 맞은 경우만 주목하는 것이다. 더욱이 점쟁이는 표적을 향해 거의 그물을 던지기에 비둘기보다 적중 확률이 훨씬 높다. 심지어 우리가 현실을 그물 속으로 집어넣어 버리기도 한다. 그러고는 점쟁이를 칭송한다. 점괘를 믿고 싶은 마음에 증거를 적당히 조작한다. 관찰력과 말장난을 어느 정도 익히고, 명성을 쌓는다면 우리도 꽤 용한 점쟁이가 될 수 있다.

세상이 자신을 괴롭히려고 작정했다고 믿거나 음모론에 빠지는 이유는 세상과 인생을 통제하길 원하기 때문이다. 그래서 우리는 원인을 찾아 헤매고, 마침내 찾아낸다. 야구 경기에서 타석에 들어선 타자의 행동을 살펴보자. 타자는 투수가 새롭게 공을 던지기 전 매번 타석에서 자기만의 의식을 수행한다. 헬멧으로 머리를 두세 번 쓸어 올리거나 발로 바닥을 몇 차례 고른다. 흥미로운 점은 수비 때는 이런 의식을 하지 않는다는 사실이다. 수비와 공격의 차이 때문이다. 프로야구 선수는 수비에서는 실수를 거의 하지 않는다. 성공 확률이 100퍼센트에 가깝다. 운은 거의 작동하지 않는다. 알 수 없는 이유로 공이 하늘에서 꺾이는 경우는 없으니 말이다. 하지만 타격에서 성공할 확률은 아무리 훌륭한 타자라도 40퍼센트를 넘기기 어렵다. 타격의 경우 불확실성이 매우 높다. 우리가 알지 못하는 수많은 요소가 타격에 영향을 미치고 따라서 운도 중요하다. 타자들이 자신만의 다양한 의식에 빠지는 이유가 여기에 있다.[9]

우리는 무작위성과 운을 태생적으로 싫어한다. 운이 성공과 실패를 크게 좌우하는 세상사에서 운은 제쳐놓고 기技만 본다. 운을 부정하는 인과적 설명은 실패한 사람을 두 번 죽이고 성공한 사람을 교만하게 만든다. 수많은 성공담과 성공술이 판치는 세상에 대고 "멍청이야, 운이야"라고 외치고 싶어진다.

똑똑한 사람이 나타나 운칠기삼運七技三을 넘어 운팔기이運八技二를 과학적으로 증명해 주길 바란다. 운이 인생의 성공에서 얼마나 중요한지를 우리 모두가 자각한다면 세금 내는 것이 그리 아깝지 않을 것이다. 복지는 운이 좋은 자의 복을 덜어 운이 나쁜 자를 도와주는 제도이다. 복지가 운명의 장난질로부터 우리 모두를 지켜준다고 생각하면 사회적 합의는 더욱 쉬울 것이다.

● 사람을 믿어라. 그래도 차 문은 닫고 다녀라 ●

매일 문을 닫고 다니는 사람은 인간이 적당히 착하고 적당히 정직하다는 사실을 시나브로 간파했을지도 모른다. 닫힌 문을 강제로 열 만큼 나쁜 사람은 극히 소수이지만, 열린 문으로 들어가 보지 않을 만큼 좋은 사람 역시 소수이다.

인간의 본성을 표현하는 데는 '어중간하다'는 말이 딱 맞다. 인간은 시장경제학자들이 가정하는 정도로 이기적이지도 않고 영악하지도 않다. 하지만 유혹 앞에서 공적 원칙을 지킬 정도로 이타적이지도 않다. 공자가 말하는 군자의 모습에 한참 못 미치지만, 작심하고 나쁜 짓을 할 만큼 사악하지도 않다.

아마도 우리는 바람직한 초기 설정 값 몇 가지를 가지고 태어나는 듯하다. 적당히 착한 마음을 갖고 자신은 선한 사람이라는 믿음에 부합하는 행동을 하고자 한다. 물질적 유인이나 보상 없이도 외부 세계를 적극 탐험하고 학습을 시도한다. 하지만 이는 초기 설정 값이지, 변하지 않는 본성이라 할 수는 없다. 자라면서 우리는 변한다. 있던 자아가 허물어지고 새로운 자아가 만들어지는 과정을 시기마다 반복한다.

인간은 정말이지 모순덩이다. '위키피디아'를 보라. 전문가들이 보수를 받고 만든 어떤 백과사전도 위키피디아를 능가하지 못한다. 많은 사람들이 전문가라는 자기 만족을 추구하면서 불특정 다수에게 도움을 주는 것을 마다하지 않는다. 그만큼 열정적이고 순수하다. 하지만 깨끗하던 공중화장실이 금세 더러워질 만큼 이기적인 것이 또 인간이다. 아무런 대가 없이 헌혈하지만 커다란 외부적 보상 앞에서 초심을 잃는다.

인간은 자기 위주로 타인을 재단하고 지적하고 비난한다. 하지만 타인의 고통에 마음 아파하는 측은지심惻隱之心 또한 타고났다. 신경심리학 연구에 따르면 우리는 다른 사람의 고통을 자신의 고통인 양 받아들인다. 상대의 팔에 바늘이 찔리는 상황을 목격하는 사람의 뇌를 관찰하면 자신의 팔이 찔릴 때 느끼는 부위가 활성화된다. 맹자가 말한 '측은지심'의 생리적 근거이다.

하지만 측은지심은 상당히 제한적이다. 인간은 다른 사람의 입장에 서기가 참 어렵다. 우리의 두 눈은 항상 자신 말고 자신을 둘러싼 환경과 타인에 주목한다. 이 때문에 우리는 자기 잘못은 상황 탓으로, 다른 사람 잘못은 인성 탓으로 돌린다. 이는 이기심과 상관없는 인간의 천성이다. 여기에 자존에 대한 욕망과 이기심이 더해지니 남의 입장에 서서 나를 반성하기가 얼마나 힘들겠는가? "나는 자신을 진심으로 반성하는 자를 보지 못했다"[10]라는 공자의 탄식이 놀랍지 않다. 제자가 자신은 남의 입장에 서서 행동하겠다고 하자, 공자는 "이는 네가 할 수 있는 바가 아니다"라고 단언한다. 노자 역시 "남을 아는 사람은 지혜로운 사람이고 자신을 아는 사람은 현명한 사람이다"(지인자지 자지자명知人者智 自知者明)[11]라고 말하고 있다. 수많은 인지적 편향과 고약한 심보가 내재한 우리 인간은 아전인수 격으로 자신은 변호하면서 남은 비방하거나 비판한다. 측은지심과 아전인수가 공존하는 것이 인간이다.

악하게 행동할 이유가 없다면 인간은 굳이 엇나가지 않는다. 하지만 주위의 많은 사람들이 부정을 저지른다고 믿을 경우 자신도 이에 동참할 정도로 우리 선함은 허약하다. 초기 설정 값은 착하게 주어졌지만, 상황의 힘

앞에서 이는 쉽게 변한다. 흠집이 없는 자동차는 일주일 간 외따로 떨어져 주차되어 있어도 멀쩡하다. 하지만 흠집 나고 백미러 하나가 부서진 자동차는 일주일 후면 심하게 망가진다. 적당히 착한 우리는 온전한 자동차에는 아무런 해를 가하지 않는다. 하지만 다른 사람들이 자동차에 장난질을 했다는 자그마한 암시만 받게 되어도 발로 차고 못으로 긁고 돌을 던진다.[12]

상황에 따라 인간의 행동이 크게 달라진다는 사실은 이미 오래전에 간파된 듯하다. '강남의 귤을 강북에 심으면 탱자가 된다'는 말(남귤북지南橘北枳)이 있다. 제나라 사람이 초나라에서 도둑질하다 잡히자, 초왕이 이를 조롱하며 제나라 사람들의 도덕심과 윤리 의식을 문제 삼았다. 그러자 제나라 재상 안영은 사회심리학적인 진단을 내려 초왕의 말을 날카롭게 반박한다. 제나라 사람이 제나라에서는 바르게 살았는데 초나라에 와서 도둑질을 하는 것은 초나라의 사회적 환경이 좋지 않기 때문이라는 것이다. '남귤북지'는 현대의 유명한 범죄학 이론인 '깨진 창문 이론theory of broken window'과 유사하다.[13] 창문이 깨져 있고 길거리가 휴지 등으로 더러워진 주변 환경이 범죄행위를 유인한다는 이론이다.

인간은 적당히 착하고 적당히 도덕적이다. 우리는

문을 닫고 다녀야 하지만, 문이 철통같이 단단할 필요는 없다. 의도적으로 넘어야 할 장애물이 있을 경우 우리 대부분은 굳이 장애물을 제거하면서까지 나쁜 짓을 하지는 않는다. 그 정도로 사악하고 부정직하지 않다. 하지만 방문이 열려 있으면 그냥 한 번 들어가 보게 된다. '방문'이라는 장애물 덕분에 우리는 악한 행동을 자제할 수 있다.

'통금 제도'도 마찬가지 이유로 유용하다. 부모는 대학생이 된 딸의 귀가 시간을 제한한다. 하지만 딸이 마음먹고 거짓말하면 귀가 시간 규정은 무용지물이 되고 딸아이는 새벽까지 어디서 즐겁게 놀다가 들어갈 수 있다. 그렇다면 차라리 통금을 없애 버리는 편이 낫지 않을까? 그렇지 않다. 통금 규정은 여전히 효과적이다. 귀가 시간 제한은 딸아이가 좀 더 신중하게 술자리를 취사선택하도록 유도한다. 거짓 핑계에 무너지는 규정이지만 그래도 규정을 어기려면 집에 전화를 걸어 거짓말을 해야 한다. 딸은 가능하면 거짓말을 하고 싶지 않다. 그래서 술자리 모임이 그리 매력적이지 않다면 굳이 부모를 속이면서까지 참석할 이유를 느끼지 못할 것이다. 만약 규정이 없어 거짓말할 필요조차 없다면 딸은 '그냥 한 번 가볼까'라는 생각으로 술자리에 참석할 것이다. 통금으로 인해 술자리 횟수는 분명히 줄어든다.

포토샵과 김영란법

우리 자신과 세상에 대한 인식 면에서도 우리의 정직함
은 제한적이다. 이 사실을 보여 주는 일상의 행동이 바
로 '포샵질'이다. 젊은이들은 자기 모습이 예쁘고 멋있
게 나오는 이른바 '얼짱 각도'로 사진을 찍고 이를 다시
포토샵 프로그램으로 수정해서 스마트폰에 올린다. 이
렇게 만들어진 사진은 친한 지인들마저 알아보지 못할
정도로 왜곡된 경우가 다반사이다. 심하게 왜곡된 사진
을 볼 때면 이런 의문이 든다. 차라리 유명 연예인 사진
을 올려 놓고 자신의 모습이라고 우기는 편이 낫지 않을
까? 포샵질에도 품이 많이 들지만, 옷과 화장품 등 외모
를 치장하는 데 들이는 비용도 만만치 않다. 그냥 자신
이 장동건, 강동원처럼 생겼다고 자기암시를 하면 되지
않을까? 그럴 수는 없다. 우리 뇌는 눈이 받은 정보를 완
전히 무시하지 못하기 때문이다.

　　우리 뇌가 망막으로 들어오는 현실의 정보를 무시
하지 못하는 것은 생존 본능 때문이다. 앞에서 달려오는

사자를 보고 자기가 키우는 강아지라고 믿는 원시인이 있었다면 그는 후세를 보지 못하고 죽음을 맞이했을 것이다.

현실을 보는 눈, 자존감을 지키려는 뇌, 이 둘의 타협으로 우리는 포샵질을 한다. 그렇게 해서 만들어진 얼굴은 우리의 정직성과 정신 건강을 위협하지는 않는다. 이런 적당한(?) 조작이 가능한 이유는 다른 사회적 개념들처럼 아름다움이라는 개념 역시 애매모호하기 때문이다. 그래서 사르토리 G. Sartori의 '추상의 사다리 ladder of abstraction'는 복잡한 현실에 어긋난다.[14] 추상의 사다리는 상위 개념과 하위 개념 사이의 위계가 분명하고 개념이 정의하는 모든 속성을 대상물이 공유한다고 전제한다. 개념과 대상의 관계에 대해서는 비트겐슈타인 Ludwig Wittgenstein의 '가족 유사성 family resemblance'이 현실의 복잡성에 더 부합한다. 가족 유사성에 따르면 개념이 포함하는 속성 중 서로 다른 일부만을 지닌 두 대상은 여전히 동일한 개념 범주(가족)에 속한다.[15]

'리더십' 개념을 예로 들어보자. 고집이 센 사람이 리더십이 좋은가? 아니면 남의 말을 잘 경청하는 사람이 리더십이 좋은가? 리더십을 자신의 의지를 관철하는 능력으로 볼 수도 있고 다양한 이해관계를 조정하는 능력으로 정의할 수도 있다. 둘 다 리더십의 정의로 손색이 없다. 그런데 어떤 정의를 취하는가에 따라 자신의 리더십에 대한 평가가 달라진다. 개념을 부정하지 않으면서 자신에게 유리한 정의를 선택하여 우리는 자신이 리더십이 뛰어난 인사임을 자임한다. 이렇게 현실의 애매모호성을 십분 활용해 현실을 부정하지 않고도 현실을 우리 입맛에 맞게 요리한다. 자신의 정직성 또한 의심치 않는다. 일석이조이다.

이렇듯 적당히 정직한 속성을 이용해서 더욱 바람직한 사회를 설계하는 방편을 강구할 수 있다. 삼권분립 등을 통해 견제와 균형을 달성코자 한 제임스 매디슨 James Madison은 이러한 인간의 속성을 적극적으로 이용하려 했다. 그는 개인이 자신의 이익과 직접 관련이 없을 경우 정의의 편에 서고자 한다고 믿었고, 그래서 삼권분립과 견제와 균형이 공익과 정의를 실현할 것이라 기대했다. 권력을 분산하면 다수의 권력자 중 이해의 상충에서 벗어난 자가 있을 것이고, 바로 적당히 정의로운 그 사람이 자신에게 부여된 권력을 가지고 정의를 실현할 것이라고 본 것이다.[16]

인간의 적당히 정직하고 바른 속성을 적극적으로 이용한 결과 우리는 '김영란법'을 통과시킬 수 있었다.[17] 국회에서 김영란법을 논의하면서 18개월의 유예기간을 둔다는 소식을 접했을 때 왜 유예기간을 두는지 의아했을 수 있다. 많은 이들이 유예기간을 주로 행정적·기술적 이유 때문에 두는 것이라 생각한다. 부수적으로 처리해야 할 사안이 있기 때문이라는 것이다. 하지만 더 근본적인 이유가 있다. 유예기간은 우리의 정의로운 본성을 자극한다. 먼 미래의 일을 생각할 때 우리는 추상적으로 바라보고 바람직함에 방점을 찍는다. 일부러 상당한 유예기간을 두면 이는 자신의 가치관과 신념 등에 비추어 바람직한 선택을 하려는 욕구를 자극할 수 있다. 또한 정책이 자신의 이해에 미치는 직접적인 영향을 제대로 실감하지 못하기 때문에 강한 이익 정치가 발생하지 않는다. 만약 김영란법을 입법과 동시에 실시했다면 입법 전에 음식점, 꽃집 등 다양한 이익집단의 강한 반대가 있었을 것이다. 하지만 입법 당시 상당한 유예기간을 둠으로써, 자신의 이익을 침해받지만 않으면 정의를 사랑하는 적당히 착한 시민들의 지지를 받을 수 있었다.

'번개' 만남은 만나기를 원하는 자와 만나기를 어려워하는 자를 구분하는 기술이다. 사람을 만나는 일은 즐겁지만 조심스럽다. 아직까지 서로를 깊이 알지 못하고 편하지 않은 관계라면 더욱 그렇다. 만나기를 요청했다가 이런저런 이유로 약속이 맺어지지 않으면 요청한 사람이나 요청받은 사람이나 서로 민망하기 때문이다. 서로에 대한 호불호가 분명하지 않은 사람들끼리 만나기 좋은 방식이 이른바 '번개'가 아닐까 한다. 번개는 각자의 체면도 유지하면서 부담 없이 만남을 제안할 수 있는 방법이다.

특히 마지못한 만남을 피하고 싶다면 번개로 약속을 잡아야 한다. 당신은 좋은 직장 상사이다. 부하 직원들에게 술자리로 부담을 주고 싶지는 않지만 이들과 한잔하면서 인간적인 유대를 쌓고 싶다. 그런데 만약 '정모'(정기 모임)처럼 당신이 며칠 전에 미리 회식 날짜를 잡는다면 아랫사람은 이를 피하기 어렵다. 만약 약속 잡기를 거부한다면 자신이 윗사람을 편하게 생각하지 않는다는 마음이 들통날 테니 말이다. 이들은 괴로운 마음을 숨기고 약속 잡기에 응한다.[18]

번개는 이러한 문제를 해결해 주는 기능이 있다. 번

개를 통해 우리는 불확실성을 유지한 채로 사람을 구분할 수 있다. 몇 시간 전에 번개를 제안할 경우 술자리를 싫어하는 아랫사람은 불안한 마음 없이 윗사람의 제안을 거절할 수 있다. 선약이나 급한 볼일이 있다는 변명은 믿을 만하기 때문이다. 번개를 통해 다른 사람의 의도를 불확실한 상태로 남겨 놓을 수 있는 것이다.

번개와는 반대로 다른 사람의 의도와 태도 등을 알아채기 위한 기술도 있다. 전화가 한 통 걸려 온다. '많이 당황하셨어요?'라는 유행어가 생각나게 할 정도로 억양이 심한 보이스 피싱 전화다. 당신은 당연히 속아 넘어가지 않는다. 그리고 그런 억양으로 사람을 속이려는 것이 약간은 우스꽝스럽다고 생각한다. 그러나 이런 생각은 맞지 않다. 억양 덕분에 보이스 피싱 범죄자들은 완전히 순진한 피해자를 구별해 낼 수 있다. 심한 억양에도 불구하고 전화를 끊지 않는 사람들은 몇 시간 동안 계속해서 범죄자의 지시를 의심하지 않고 순순히 따를 가능성이 높다.

다른 경제 행위자와 마찬가지로 범죄자 집단의 자원과 인력 역시 유한하다. 따라서 대상자를 선별할 필요가 있다. 엄청나게 순진한 사람이 아니라면, 결정적 순간에 돌아서 버리고, 범죄자들은 들인 시간을 몽땅 허비해 버

리기 때문이다.[19]

선별의 지혜는 경제적 비합리성을 통해 합리성을 추구한다. 가령 투표율을 높이기 위한 좋은 방책은 사람들이 더 쉽게 투표할 수 있는 제도를 만드는 것이다. 각자 집에서 투표할 수 있다면 투표율은 매우 높아질 것이다. 그렇다면 이는 과연 바람직할까? 투표하기 위해 유권자가 치르는 비용은 무조건 낮추어야 할까? 선별의 관점에서 보면 적당한 어려움이 오히려 바람직하다. 투표의 어려움을 통해 우리는 유권자를 구분할 수 있다. 진지한 유권자도 있고, 별다른 고민과 생각이 없는 유권자도 있다. 그런데 투표장까지 가야 하는 경우 투표 의지가 강하지 않은 유권자는 투표를 포기한다. 스스로 자신의 유형을 선언한다.

만약 당신이 매력적인 여성이고 여러 남성으로부터 구애를 받는다고 가정하자. 그리고 당신은 착한 남자와 만나고 싶다. 그런데 구애자 모두가 자신은 착한 사람이라고 당당히 주장한다. 이런 상황에서 착한 남자를 가려내려면 어떻게 해야 할까? 당신이 못되게 굴면 된다. 못되게 굴면, 못된 구애자는 착한 척하지 않고 당신을 떠날 것이다. 이렇게 해서 착한 구애자와 못된 구애자를 구별할 수 있다.

교수들 역시 학기를 시작할 때마다 선별의 필요성을 느낀다. 학생들 중 학업에 크게 관심이 없는 학생일수록 수강생이 많은 수업을 원한다. 다수의 이점을 누리고 싶기 때문이다. 그런데 교수자의 입장에서는 수업에 열의가 없는 학생들과 한 학기를 지내기가 곤혹스럽다. 이들에게 수업을 열심히 들을지 물으면 하나같이 열심히 듣겠다고 대답한다. 그렇기 때문에 스스로 자신의 본색을 드러낼 수 있도록 도와주어야 한다. 수강 신청 변경 기간에 '수업이 어렵다', '학점이 후하지 않다' 등의 선언을 하되, 학생들이 믿을 만한 방식으로 전달해야 한다. 그러면 수업에 열의가 없는 학생들은 쓱 빠져 나간다. 스스로 자신의 유형을 선언한 셈이다.

중매 또한 사람을 구별하는 기능을 한다. 나이 지긋한 사람들 중에는 중매로 혼인해야 부부 생활을 순탄하게 할 수 있다고 믿는 사람들이 많다. 이처럼 중매를 순탄한 부부 생활의 주요 원인으로 규정하는 것은 상관성과 인과성을 혼동한 전형적 예다. 부모의 의견에 따라 중매로 혼인할 의사가 있는 사람들은 대체로 순응적이고 타협적이라 할 수 있다. 중매가 본래부터 우월한 속성이 있는 것이 아니라 사람을 구별하는 기능을 했을 뿐이다.[20]

한편 선별이 이미 이루어져서 샘플이 무작위적이지 않다는 사실을 정확하게 이해하는 경우도 있다. 젊은 남녀는 소개팅 애플리케이션을 통해 이성을 만나기를 꺼린다. 다른 이유도 있겠지만 주로 '이 프로그램을 이용하는 사람이 얼마나 매력적이겠는가'라는 생각 때문일 것이다. 이들은 애플리케이션을 이용하기 때문에 사람의 매력이 떨어진다고 말하지는 않는다. 상관성과 인과성을 혼동하지 않는 것이다.

놀랍게도 탈북 현상 역시 선별로 이해할 수 있다. 북한처럼 억압적인 사회에서는 어느 누구도 정부에 반하여 자신의 사적 의사를 솔직하게 말하지 않는다. 체제에 불만이 많은지, 집단행동을 주도할 마음이 있는지 등은 당연히 철저히 숨긴다. 하지만 정부는 반항하는 사람들을 순응하는 사람들로부터 분리하고 싶다. 이때 탈출은 반항 세력과 순응 세력을 선별하는 기능을 한다. 국경선에서 보초들 사이의 간격을 조정하여 탈출의 어려움을 조정할 수 있다. 이렇게 하면 남기고 싶은 사람과 보내고 싶은 사람을 자연스럽게 나누게 된다. 역설적이게도 국경 수비가 물샐 틈이 없으면 북한 정권은 오히려 부담스럽다. 잠재적 혁명 세력이 떠나지 못하고 남아 있으니 말이다.[21]

연방제는 선별의 기술을 거시적으로 적용한 제도이다. 시민은 자신의 선호에 가장 가까운 지방정부를 찾아 이동한다. 주민이 자발적으로 이동한 결과, 선호가 유사한 사람들이 동일 지역에 거주하게 된다. 그리하여 지방정부는 주민 전체의 이해에 부합하는 정책을 입안하기가 더욱 쉬워진다.[22]

● **선물의 기술** ●

많은 경제학자들은 선물 대신 현금을 줄 때 받는 사람의 효용이 더 커진다고 그래프를 그려가며 역설한다. 자신에게 가장 필요하고 적합한 재화와 서비스를 현금으로 구매할 수 있기 때문이다. 이는 자기가 원하는 것을 자기보다 잘 알 사람은 없다는 지극히 당연한 가정을 바탕으로 한 주장이다. 그런데 과연 그럴까? 우리가 우리 마음을 가장 잘 알까?

행동경제학에 따르면 '마음의 회계장부mental accounting'가 부리는 농간으로 인해 우리는 자신이 원하는 것을 구매하지 못한다. 은행 통장에는 어디에 쓸 돈인지 구분이 없다. 돈은 돈일 뿐이고 무엇이든 구매할 수 있다. 하지만 우리 마음에는 여러 개의 방이 있고 방과 방 사이에는 높고 튼튼한 담이 있는 듯 이동이 어렵다. 마음의 회계장부는 술값을 담아두는 방, 여가비를 담아두는 방, 생활비를 담아두는 방 등을 따로 구비하고 있다.[23] 글을 쓰는 작가는 문구류에 관심이 많다. 그런데 좋은 문구류는 작가가 편안한 마음으로 구매할 수 있는 가격이 아니다. 즐겨하는 술자리를 한두 번 포기한다면 괜찮은 문구류를 쉽게 살 수 있을지도 모른다. 하지만 그의 마음에는 문구류와 관련된 회계장부와 음주와 관련된 회계장부가 따로 있다. 그리고 음주 관련 회계장부에 있는 돈은 문구류 관련 회계장부로 이전되지 않는다. 이때 누가 이런 당신의 마음을 꿰뚫어 보고 비싼 문구류를 당신에게 선물해 준다면 크게 기뻐할 것이다. 여기에 바로 선물의 묘미가 있다.

어떤 '물건'을 잃어버렸을 때 우리는 마음의 회계장부가 얼마나 강력한지를 경험하게 된다. 나는 마음껏 여름 거리를 활보하고 싶은 마음에 선글라스를 구매했다가 한 달 만에 잃어버린 적이 있다. 한창 빛이 강한 여름이라 새로운 선글라스가 필요하다. 하지만 이번에는 선뜻 선글라스를 구매할 수 없다. 가격이 곱절로 느껴지기 때문이다. 잃어버린 선글라스의 가격이 새로 구매하는 선글라스의 가격에 포함된 듯해서 물건을 새로 구입하기가 고통스럽다. 선글라스가 아니라 현금을 잃어버렸다면 다르게 느꼈을 것이다.

이러한 심리적 반응은 경제학자를 난감하게 한다. 어차피 당신이 잃어버린 경제적 가치는 현금이든 선글라스든 동일하기 때문이다. 따라서 잃어버린 것이 현금인지 선글라스인지는 의사 결정에 개입되지 않아야 한다. 줄어든 주머니 사정에도 불구하고 지금 현재 선글라스를 사고 싶은지만을 생각해야 하는 것이다. 그런데 인간의 마음은 경제학자가 희망하는 대로 움직이지 않는 모양이다. 현금을 잃어버린 자는 술 한잔 마시지 않고 선글라스를 산다. 선글라스를 잃어버린 자는 선글라스를 포기하고 챙이 큰 모자를 쓴다.

그렇다면 돈이 부족해 문구류처럼 비싼 선물을 줄 수 없는 경우에는 무엇을 선물해야 할까? 유명 커피 프랜차이즈의 최고급 텀블러는 참으로 좋은 대안인 듯하다. 비용만 고려하면 옷 등에 비해 아주 저렴하다. 하지만 우리는 텀블러를 옷과 비교하지 않는다. 다른 텀블러와 비교한다. 텀블러 중 최고는 그냥 최고의 선물이다.

유념할 점은 텀블러는 꼭 최고급으로 선물해야 한다는 것이다. 들고 다니고 남들에게 보이는 물건이기 때문이다. 우리는 남들에게 보이는 물건을 사용할 때 브랜드를 의식한다. 넥타이나 립스틱도 마찬가지이다. 넥타이는 밖으로 보이는 대표적인 남성 액세서리이고 립스틱은 여성들이 지하철이나 휴게실 등 공공장소에서 자주 꺼내 사용하는 화장품이다.

젊은 부부에게는 자동차와 유모차가 그런 물건일 수 있다. 자동차와 유모차에 많은 돈을 소비하는 젊은 부부에게 집주인 아주머니의 내정간섭이 들어온다. 돈을 아껴 좋은 집으로 옮겨야 한다는 지적이다. 그러자 아이 엄마는 유모차는 자기의 자존심이라며 퉁명스럽게 대꾸한다. 그렇다면 왜 갓 태어난 아이가 있는 신혼부부는 경제적으로 넉넉지 않은데도 비싼 유모차를 구매할까? 유모차는 쇼핑몰, 공원 등 공공장소에서 이용하는 물건이기 때문이다. 낭비벽이 아니라 대세에 편승하고 싶은 마음이다. 우리는 이를 '체면'이라 부른다. 내가 살고 있는 집은 내가 초대한 사람들만이 본다. 하지만 자동차와 유모차는 길거리의 모든 사람이 본다. 남들이 본다고 믿는 순간 사회적 압력이 발생한다. 그리고 우리 다수는 사회적 압력에 순응한다.

남들에게 보이는 물건은 사회적 압력에 민감하다. 양말은 보이지 않는다. 넥타이는 보인다. 양말은 유행을 크게 타지 않는데 넥타이는 유행을 크게 타는 이유이다. 남들 눈에 띄기 때문에 여론에 민감하다. 카메라 역시 마찬가지다. 왜냐하면 어깨에 메고 다니는 보이는 물건이기 때문이다.[24] 그래서일까? 유명 연예인을 내세운 카메라 광고는 8시나 9시 저녁 뉴스 직전에 주로 방송된다. 이 카메라를 모든 사람들이 메고 다닌다는 인상을 심어주기 위해 회사는 광고비가 비싼 프라임 시간대에 광고를 내보내는 것이다.[25]

남들에게 보이는 물건 중 최고의 브랜드를 선물하면 최대의 효과를 거둘 수 있다. 꽤 괜찮은 텀블러, 립스틱, 넥타이 등은 비용 대비 효과가 만점인 선물이다. 40대 남성의 경우, 마음의 회계장부에 책정된 텀블러 가격은 아주 낮다. 고급 텀블러는 스스로 돈을 들여서는 구매하기 어려운 물건이다. 선물만이 해결책이다.

어떤 선물이냐도 중요하지만 언제 선물하는가 역시 중요하다. 이를 외부성externality이라는 경제학적 개념으로 살펴보자. 외부성이란 개인의 선택에서 발생하는 의도되지 않은 외부적 효과를 말한다. 가령 가을에 접어들었지만 갑자기 날씨가 더워지면서 모기가 기승을 부린다고 하자. 모기 때문에 잠에서 깬 아들은 두 가지 대책을 떠올린다. '모기장을 펼까?' '모기약을 뿌릴까?' 둘 중 어느 쪽을 선택하든 그는 모기로부터 벗어나 편하게 잠을 청할 수 있다. 하지만 그의 선택은 옆방에서 잠을 자는 부모에게는 다른 효과를 발생시킨다. 약품 냄새가 싫어 모기장을 펼 경우 모기는 아들을 포기하고 옆방으로 이동하여 부모를 물 것이다. 모기장을 펴지 않고 모기약을 뿌린다면 아들이나 부모 모두 편하게 잘 수 있다. 모기장은 부모에게 부정적 외부성을, 모기약은 긍정적 외부성을 가져온다.

선물을 언제 하느냐에 따라 긍정적 외부성이 발생하기도 하고 부정적 외부성이 발생하기도 한다. 수술받기 전에 의사에게 큰 선물을 하는 경우 이 선물은 다른 환자에게 부정적 외부성을 발생시킬 수도 있다. 의사는 앞서 개인적으로 사례를 표한 환자에게 자신도 모르게 관심을 더 기울일 가능성이 높다. 그만큼 다른 환자에게 정성을 다하기 어렵다. 하지만 모든 의료 행위가 끝나고 나중에 따로 찾아와 의사에게 답례를 하는 경우 그 선물은 다른 환자들에게 긍정적인 외부성을 선사한다. 자신이 치료한 환자에게 답례를 받은 의사는 즐거운 마음으로 진료에 더욱 성심을 다한다. 더 나은 치료를 다른 사람들이 받을 수 있게 되는 것이다.

성적이 나오기 전에 학생이 교수에게 "많은 것을 가

르쳐주시는 훌륭한 교수님"이라는 말을 해준다면 고마운 일이다. 하지만 더욱 고마운 일은 수업이 끝나고 성적도 마무리된 다음 찾아와서 인사하는 것이다. 특히 학점을 잘 받지 못한 학생이라면 교수의 기쁨은 더욱 클 것이다. 혹은 졸업한 뒤에 찾아와서 고마움을 전해 준다면 이는 선배로서 후배에게 혜택을 주는 일이다. 교수는 졸업생의 인사에서 더욱 힘을 얻어 학생 지도에 마음을 더할 것이다. 고마움을 언제 어떻게 표하는가에 따라 감사의 행위는 더욱 아름다울 수 있다.

가끔은 거울을 보자

오래된 것, 반복되는 것에 우리는 쉽게 적응한다. 그런데 우리가 적응하지 못하는 것도 있다. 가령 기차 소리는 우리의 잠을 방해하지 않지만 옆 사람의 말소리는 성가시다. 우리의 이목을 끌기 때문이다.

적응하지 못할뿐더러 화가 나기도 한다. 화가 나는 이유는 상대의 의도가 불순하다고 생각하기 때문이다. 상대의 성가신 행동을 인성과 의도로 설명하려는 우리의 오랜 습관이 화*를 부른다. 이러한 습관을 현대 심리학이 본격적으로 파헤치기 오래전에 장자는 이미 인간의 약점을 절묘하게 간파한 바 있다.

> 배로 강을 건너는데 빈 배 하나가 떠내려 오다가 자신의 배에 부딪혔다. 그 사람은 성미가 급한 사람이지만 화를 내지 않았다. 그런데 떠내려 오던 배에 사람이 타고 있으면 당장 소리치며 비켜 가라 한다. 한 번 소리쳐서 듣지 못하면 다시 소리치고 그래도 듣지 못하면 결국 세 번째 소리치는데, 그땐 반드시 욕설이 따르게 마련이다. 처음에는 화를 내지 않다가 지금 와서 화를 내는 것은 처음에는 배가 비어 있었고 지금은 배가 채워져 있기 때문이다. 사람들이 모두 자기를 비우고 인생의 강을 흘러간다면 누가 능히 그를 해하겠는가?[26]

여기서 장자는 사람들이 모두 자기를 비우고 인생의 강을 흘러가라고 조언하고 있다. 그런데 '자기가 빈 배虛舟가 되기'(허기虛己)는 어렵지 않을까? 차라리 세상사를 빈 배처럼 대한다면 우리는 상대에게 화를 덜 낼 수 있을 것이다. 상대의 의도 대신에 배를 한쪽으로 몰아붙이는 파도를 먼저 고려한다면, 빈 배에 화내지 않은 사공의 모습을 닮을 수 있다는 말이다.

사공이 있는 배가 와서 부딪혔을 때 화를 내는 것은 현대 심리학의 근본귀인오류에 가깝다. 근본귀인오류를 다시 한 번 정의하면 타인의 행동을 설명할 때 상황적 요인을 과소평가하고 그 사람의 내면적 태도와 도덕적 신념 등을 절대시하는 경향을 일컫는다. 우리는 대부분의 시간 동안 자신의 얼굴 대신 남의 얼굴을 본다. 이 때문에 엄청난 인식의 편향이 발생한다. 다른 사람의 행동과 잘못은 개인의 내재적 특질에서 비롯된 것으로 치부하고 자신의 잘못은 상황 탓으로 돌리는 것이다.[27] 우리는 남의 성격, 인성, 도덕심, 심지어 혈액형까지 들먹이며 그 내면을 파헤친다.

이러한 인식 편향은 거의 숙명적이다. 우리 눈에는 우리 자신이 보이지 않고 자신을 둘러싼 환경이 보이기 때문이다. 『이솝 우화』에는 「두 개의 자루」라는 이야기가 있다. 우리가 남의 흉을 잘 보고 자신의 흉을 잘 보지 못하는 것이 관찰의 방향에 있음을 일깨워주는 이야기이다.

옛날에 프로메테우스가 사람을 만들었을 때 자루를 두 개 달아주었다. 하나는 남의 흉이 든 것이고 다른 하나는 제 흉이 든 것이었다. 프로메테우스는 남의 흉이 든 자루는 앞에 달아주고 다른 자루는 뒤에 달아주었다. 그래서

사람들은 남의 흉은 대번에 볼 수 있지만 제 흉은 보지
못하는 것이다.[28]

실제로 실험을 해보면, 행위자를 정면으로 바라보
는가 아니면 옆에서 바라보는가에 따라 관찰자는 행위자
의 책임 정도를 다르게 평가한다.[29] 옆에서 바라보는 경
우 상황의 힘을 더 고려한다. 이에 대해 공자는 군자는
잘못을 자기에게서 찾는데(구제기求諸己) 소인배는 남에게
서 찾는다고(구제인求諸人) 일갈한 바 있다. 하지만 정말이
지 우리는 자신의 잘못을 보기 어렵게 태어났다.

더욱이 상대방을 둘러싼 상황은 대체로 직접 관찰하
기가 어렵다. 월요일 오후 수업에서 학생들이 힘들어하
는 모습을 보며 교수는 자신의 강의 능력이 부족한 것은
아닌지 불안해진다. 월요일에 수업이 몰려 있는 학생들
이 많다는 점을 간과했기 때문이다. 그날 학생들이 수업
을 얼마나 많이 들었는지 교수는 알 길이 없다. 눈앞에
서 벌어진 사태에 주목하면서 교수는 '강의가 재미가 없
는 것 아닌가' 하는 생각부터 재빨리 떠올린다.

사실 우리는 상황의 힘 자체를 과소평가하는 경향
이 있다. 상황의 힘을 극적으로 보여 주는 예가 바로 베
트남전 참전 미군들의 마약중독 문제이다. 베트남전 당

시 미군 중 상당수가 마약중독자로 전락했다. 미국 정부는 전쟁이 끝나 이들이 본국에 돌아올 경우 발생할 문제로 골머리를 앓았다. 그런데 놀랍게도 이들은 고향으로 돌아오자마자 대부분 마약을 끊었다.[30] 상황이 달라졌기 때문이다. 무엇보다 이들이 어울리는 사람들이 달라졌다. 전장의 동료와 달리 고향의 친구와 애인은 마약을 하지 않았다. 전장에서 돌아온 참전 용사 대부분은 그토록 끊기 어렵다는 마약을 쉽게 끊었다. 최근 중동 지역 내전에 참여한 시민군 역시 집으로 돌아와서는 식당의 종업원이나 가게 주인 등으로 매우 평범하게 지낸다는 보고가 있다.

상황은 지속적인 구조적 환경만을 의미하지 않는다. 시간이 없다는 맥락만으로도 우리의 행동은 극적으로 달라질 수 있다. 실험자는 어려운 이웃을 도운 선량한 사마리아인에 대한 강연을 신학대학교 학생에게 부탁한다. 평소 이웃 사랑을 자신의 소명으로 생각하는 신학생이 이웃 사랑에 대해 강연한다는 설정이다. 실험은 신학생이 강연장으로 가는 도중 걸인이 곤경에 빠진 것을 목격했을 때 어떻게 행동하는지를 관찰한다. 당연히 우리는 신학생이 이 사람을 도울 것이라고 예상한다. 여기서 한 가지 미묘한 실험적 조작이 가해진다. 한 집단에게는 강연 시간이 임박했고 강연장에는 이미 많은 청중이 기다리고 있다고 이야기하고, 다른 집단에게는 강연 시간에 여유가 있다고 이야기한다. 강연 시간이 임박했다는 말을 들은 신학생들은 대부분 걸인을 외면한 채 급히 발걸음을 옮긴다. 반면에 강연 시간에 여유가 있다는 말을 들은 신학생들은 대부분 걸인을 도와주었다. 놀랍게도 평소 신념이 아니라 강연 시간에 여유가 있는지 없는지가 그들의 행동에 결정적 영향을 미친 것이다.[31]

상황의 힘은 대단하다는 사실을 잊지 않고 주변 상황으로 우리의 행동을 설명하듯 다른 사람의 행동을 설명한다면 세상은 훨씬 평화로울 것이다. 빈 배가 와서 우리에게 부딪히면 화를 내지 않고 배를 밀어내듯이 말이다. 파도에는 그렇게 화가 나지 않을 것이다. 사공이 있더라도 파도를 탓할 수 있다면 욱하는 마음을 피할 수 있다.

우리가 다른 사람 탓을 하는 것은 다른 사람의 얼굴에 주목하기 때문이다. 가끔씩 자신의 얼굴을 바라본다면 자신을 탓하기가 쉬워질 것이다. 자신의 얼굴을 바라볼 때 우리는 자신의 내면을 들여다볼 수 있다. "산모퉁이를 돌아 논가 외딴 우물을 홀로 찾아가선 가만히 들여다"보고 한 사나이를 미워하는[32] 시인의 마음처럼 말이다.

마치며

이 책이 살피고 있는 예들에서 알 수 있듯이 일상의 경험
은 결코 신변잡기적이지 않다. 일상의 메커니즘이 거시
적 사회현상에 그대로 나타나고 있다. 희망 고문이 혁명
전야 민중의 마음을 닮았고, 연애의 기초인 '양인심사 양
인지'는 혁명의 집단행동을 위한 기초이기도 하다. 시간
을 끌어 아들의 마음을 돌리는 부모의 존재는 과거 시민
의 민주적 결정으로 사회를 보호하는 헌법을 닮았다. 클
럽에서 시작된 만남이 실패로 돌아가는 양상은 독재자
의 배신 및 숙청 과정과 일맥상통한다. 수업에서 질문하
는 사람은 위험한 집단행동에서 핵심대중의 역할을 수
행한다.

　　알고 보면 이전에 미처 생각지 못한 것들이 눈에 들
어온다. 왜 대학교에는 '왕따'가 없는지 궁금해지고 인생

의 새옹지마를 그래프로 표현해 보고 싶어진다. 또한 사랑꾼과 바람둥이의 인생 경험을 그래프로 비교해 볼 수 있다. 운의 작용과 무작위성의 허무함을 숙지하면 성공에도 자만하지 않고 실패에도 자학하지 않을 수 있다. 행동경제학과 심리학을 공부하고『이솝 우화』를 읽으니 기존의 해석과 전혀 다른 함의含意가 보인다. 명작과 명시에서 위대한 작가의 혜안과 표현력을 더 깊이 느낄 수 있다. 이렇듯 안다는 것은 생활을 더욱 풍요롭고 균형 잡히게 한다. 세상의 똑똑한 이들이 피땀 흘려 연구한 다소 딱딱한 책과 논문을 읽어야 하는 이유이다.

그런데 제대로 알려면 배운 것을 끊임없이 현실에 적용하는 연습을 해야 한다. 그렇게 해야 배움이 독선이 아니라 지혜가 된다. 멋있는 사람이 되고, 다른 사람들을 지적으로 흥분시키는 좋은 스승이 되고, 당위적 주장으로 젊은이의 말문을 막아버리지 않는 훌륭한 어른이 될 수 있다.

배움에는 영역이 없고 현실에는 경계가 없다. 일상의 문제는 종합적이고 융합적이다. 학제가 경계를 만들 뿐이다. 현실은 변하는데 권위자는 경계를 높이고 그 안에 안주한다. 한 우물을 파면서 우물 속에 빠져버린다. 혼자만 빠지지 않고 다른 이들에게 우물 안으로 들어오라 외친다. 이른바 전문가가 되는 길은 창의의 길과 멀어 보인다.

오늘날 공부는 수단으로 전락했다. 이제 공부는 그 자체로 가치 있게 대우받지 못하고, 단지 먹고사는 업業을 위한 도구가 되었다. 정보는 넘치지만 앎은 얕아졌다. 학문과 일상은 더욱 거리가 멀어졌고, 학자는 상아탑에 고립되어 현실적 문제에 무기력한 모습을 보인다. 이는 많은 사람들을 인문·사회과학으로부터 더욱 멀어지게 한다.

오늘날 인문·사회과학이 지금의 세상 속에서 권위를 얻기 위해서는 실사구시할 수 있어야 한다. 그리고 실사구시를 위해서 인문·사회과학은 편협한 학문의 경계를 탈피해야 한다. 적당히 착하고 적당히 이기적이고 조금은 똑똑하지만 자주 궁상맞은 우리들이기에 자신과 이웃의 행동이나 상호작용을 설명하려면, 최대한 많은 원인과 메커니즘에 통달해야 한다. 심리학이 밝힌 인간 행동의 다양한 심리적·사회적 요인, 정치학과 경제학이 발전시킨 전략적 상호작용 등을 두루두루 알아야 혼란스러운 일상에 대한 다차원적인 진단이 가능하다.

이 책에서 나는 다양한 일상을 사회과학 이론을 동원하여 분석했다. 이 책을 통해 여러분이 '배우고 익힘이 즐겁다'는 공자의 말에 공명할 수 있기를 바란다. 다양한 경험과학을 공부하고 공부한 것을 면밀한 관찰을 통해 일상에 적용하는 즐거움이 있을 때 우리 삶은 매일 조금씩 나아질 것이다. 그리고 당위적 주장만 열거하면서 서로를 숨 막히게 하는 무지와 독선에서도 조금은 벗어날 수 있을 것이다. 이것이 바로 하학이상달의 길이다.

성공과 실패만으로 세상을 재단하는 차디찬 신자유주의의 냉혹함에도 불구하고 인생의 본질은 배움에 있다고 믿는다. 왜냐하면 군자를 만나지 못했고 '인'을 제대로 실천하는 사람을 보지 못했다는 공자의 탄식처럼 인생은 실패한 자에게나 성공했다고 믿는 자에게나 어렵기 때문이다. 집착을 버리라는 부처의 가르침은 언제나 맞지만, 버리기만 해서는 해결될 수 없을 만큼 일상은 복잡하기만 하다. 결국 비우기보다는 배움을 통해 오늘보다 나은 내일을 추구하는 과정일 수밖에 없는 것이 인생이지 않을까 한다. 이 책이 용감하게 인생에 맞서 배움을 추구하는 사람들을 응원할 수 있기를 희망해 본다.

후주

시작하며

1   공자가 일상에 대한 고민을 통해 인을 추구했다는 해석은 Michael
Puett and Christine Gross-Loh, *The Path: What Chinese Philosophers
Can Teach Us about the Good Life*(New York: Simon & Schuster, 2016)
참조.

2   정치, 경제, 사회, 심리학을 망라하는 사회과학 이론에 대한 종합
적 개관, 합리적 행위자 모델과 포스트모더니즘에 대한 비판, 심리
적 메커니즘이 거시적 설명에서 필수적 요소임을 개진한 연구는 Jon
Elster, *Explaining Social Behavior: More Nuts and Bolts for the Social
Sciences*(Cambridge: Cambridge University Press, 2007) 참조.

3   행동과학을 세우는 데 결정적 공헌을 한 카너먼의 자전적 입문서는
Daniel Kahneman, *Thinking, Fast and Slow*(New York: Farrar, Straus
and Giroux, 2011) 참조.

4   이러한 노력을 대표하는 저작은 Richard Thaler and Cass Sunstein,
Nudge: Improving Decisions about Health and Wealth, and Happiness(-

Connecticut: Yale University Press, 2008) 참조.

5   신경심리학 등 심리학의 연구 성과를 이용한 공자의 학에 대한 흥미
     로운 해설은 김명근, 『이기적 논어 읽기』(개마고원, 2015) 참조.

6   피천득, 『인연』(샘터, 2007).

1   사랑이 제일 쉬웠어요

1   도박 등에서 불가역적 선택의 자기 정당화를 소개한 연구는 Carol
     Tavris and Aronson Elliot, *Mistakes Were Made (But Not by Me)*(New
     York: Mariner Press, 2015).

2   불가역성과 심리적 방어기제에 대한 연구 및 개괄적 소개는 대니얼
     길버트, 『행복에 걸려 비틀거리다』, 서은국 · 최인철 · 김미정 옮김
     (김영사, 2006) 참조.

3   가지지 못한 자와 가진 자의 다차원적인 인식 차이에 대한 논의는
     Dan Ariely, *Predictably Irrational*(New York: Harper, 2008) 참조.

4   이 책에서 인용하고 있는 이솝 이야기는 이솝, 『이솝 우화』, 천병희
     옮김(숲, 2013) 참조.

5   무차별 곡선 상의 모든 선택이 동일하다는 미시경제학의 주장은 이
     득과 손실이 가져오는 심리적 비대칭성을 고려하지 않았다는 비판은
     Daniel Kahneman, *Thinking, Fast and Slow*(New York: Farrar, Straus
     and Giroux, 2011) 참조.

6   동그라미와 세모 그리기 이야기를 비롯하여 이 책에서 인용하고 있
     는 한비의 글은 한비, 『한비자』, 이운구 옮김(한길사, 2012) 참조.

7   경제학에서 가정하는 선호는 고정적이고 일관적인 성격을 지니고 있
     음. 단봉형 선호를 비롯하여 경제학이 가정하는 합리적 선호에 대

한 개괄은 Hal R. Varian, *Intermediate Microeconomics: A Modern Approach*(New York: W. W. Norton & Company, 1999) 참조.

8   이 책에서 인용한 『법구경』 판본은 붓다, 『담마빠다(법구경)』, 일아 옮김(불광출판사, 2014) 참조.

9   무의식적인 반추에 대한 연구의 소개는 Susan Fiske and Shelley E. Talyor, *Social Cognition: From Brains to Culture*(New York: Sage, 2013) 참조.

10 미비한 가능성을 크게 보는 경향에 대한 연구는 Daniel Kahneman and Amos Tversky, *Choices, Values, and Frames*(Cambridge: Cambridge University Press, 2000) 참조.

11 전쟁에서 국가 지도자가 모험을 감행하는 이유에 대한 연구는 George W. Downs and David M. Rocke, *Optimal Imperfection*(Princeton: Princeton University Press, 1995) 참조.

12 퇴로를 차단하는 전략의 합리성에 대한 논의는 Thomas Schelling, *The Strategy of Conflict*(Cambridge: Harvard University Press, 1960) 참조.

13 선택의 역설에 대한 고전적 연구는 Barry Schwartz, *The Paradox of Choice: Why More Is Less*(New York: Harper, 2005) 참조.

14 생각의 공유의 공유가 집단행동에 미치는 영향에 대한 연구는 Michael Chew, *Rational Ritual: Culture, Coordination and Common Knowledge*(Princeton: Princeton University Press, 2001); Russell Hardin, *One for All*(Princeton: Princeton University Press, 1996); 클레이 서키, 『끌리고 쏠리고 들끓다』(갤리온, 2008) 참조. 공유지식 관련 사회적 관습과 질서의 기원에 대한 연구는 David Lewis, *Convention* (Cambridge: Harvard University Press, 1969); James S. Coleman, *Foundations of Social Theory*(Cambridge: Harvard University Press,

1990) 참조. 선거제도 자체가 민주주의를 지킬 수 있는 이유 역시 공유지식에서 비롯된다는 주장의 글은 James Fearon, "Self-Enforcing Democracy," *The Quarterly Journal of Economics* 126(4)(2011), 1661–1708 참조.

15 입법을 통해 공유지식이 발생하는 과정에 대한 개괄은 Cass Sunstein, *Why Societies Need Dissent*(Cambridge: Harvard University Press, 2005) 참조.

16 아이스크림 먹기, 천천히 걷기 등 인식 공유를 달성하기 위한 집단 행동의 기술에 대한 논의는 Srdja Popovic, *Blueprint for Revolution* (New York: Spiegel & Grau, 2015) 참조.

17 희소성이 설득의 힘으로 작동한다는 주장은 로버트 치알디니 · 노아 골드스타인 · 스티브 마틴, 『설득의 심리학: 완결편』, 김은령 · 김호 옮김(21세기북스, 2015) 참조.

18 어려움이 사랑의 마음을 타오르게 한다는 고전적 주장은 몽테뉴, 『몽테뉴 수상록』, 민희식 옮김(육문사, 2013) 참조.

19 자기 정당화에 대한 종합적 개관은 E. Aronson, *The Social Animal* (New York: Worth Publishers, 2011) 참조.

20 손실 회피에 대한 종합적 안내는 Richard H. Thaler, *Misbehaving: The Making of Behavioral Economics*(New York: W. W. Norton & Company, 2015) 참조.

21 Dan Ariely, *The Upside of Irrationality*(New York: Harper, 2010) 참조.

22 기대의 상승과 기대 수준이 행복에 결정적 요소임을 개관한 연구는 Jonathan Haidt, *The Happiness Hypothesis: Finding Modern Truth in Ancient Wisdom*(New York: Basic Books, 2006) 참조.

23 공동체 관계와 교환 관계에 대한 비교 검토는 Margaret S. Clark and Judson Mills, "Interpersonal Attraction in Exchange and Communal

Relationships," *Journal Of Personality and Social Psychology* 37(1979), 12-24 참조.

24 부정적 사건과 정보에 강하게 반응하는 편향에 대한 개괄은 Roy F. Baumeister, Ellen Bratslavsky, Catrin Finkenauer, Kathleen D. Vohs, "Bad Is Stronger Than Good," *Review of General Psychology* 5(4)(2001), 323-370 참조.

25 이득이 손실보다 큰 동전 던지기 도박을 회피하는 심리에 대한 연구는 Richard H. Thaler, *Misbehaving: The Making of Behavioral Economics*(New York: W. W. Norton & Company, 2015) 참조.

26 적응성에 대한 개관은 Dan Ariely, *The Upside of Irrationality*(New York: Harper, 2010) 참조.

27 비교·대조효과가 선택에 끼치는 영향, 국지적 비교에 대한 개괄적 소개는 Dan Ariely, *Predictably Irrational*(New York: Harper, 2008) 참조.

28 이솝, 『이솝 우화』, 천병희 옮김(숲, 2013).

29 이 책에서 인용하고 있는 『채근담』의 판본은 홍자성, 『스무 살의 채근담』, 정석태 옮김(부글북스, 2009) 참조.

30 변동성에 민감하고 총합에 약한 인간 인식의 문제점은 Daniel Kahneman, 앞의 책 참조.

31 기대의 상승과 뒤이은 실망으로 프랑스 혁명이 일어났다는 고전적 연구는 Alexis De Tocqueville, *The Old Regime and the Revolution* (New York: Harper and Brothers, 1856) 참조.

2 싸움의 고수

1 폭력과 승산에 대한 경제학적 해석은 Jack Hirschleifer, *The Dark Side of Force*(Cambridge: Cambridge University Press, 2001) 참조.

2 다윗과 골리앗의 싸움에 대한 상세한 묘사와 새로운 해석은 Malcom Gladwell, *David and Goliath: Underdogs, Misfits, and the Art of Battling Giants*(New York: Back Bay Books, 2015) 참조.

3 지피지기가 가능할 경우 합리적 행위자가 전쟁을 피한다는 논리를 제공하는 연구는 James Fearon, "Rationalist Explanations for War," *International Organization* 49(3)(1995), 379–414 참조.

4 이솝, 『이솝 우화』, 천병희 옮김(숲, 2013).

5 긴 평화에 앞서 항상 대전이 있었다는 역사적 분석에 대해서는 Geoffry Blainey, *The Causes of War*(New York: Free Press, 1973) 참조

6 세력 전이 이론의 시발적 논의에 대해서는 A. F. K. Organski and Jacek Kugler, *The War Ledger*(Chicago: The University of Chicago Press, 1980) 참조.

7 '勝人者有力 自勝者强'. 노자, 『도덕경』, 이석명 옮김(올재 클래식스, 2014).

8 현재의 의지가 계획의 오류에서 주요 원인임을 흥미롭게 전개한 글은 최인철, 『나를 바꾸는 심리학의 지혜: 프레임』(21세기북스, 2007) 참조.

9 故善戰者 立於不敗之地 而不失敵之敗也 是故 勝兵 先勝而後求戰 敗兵 先戰而後求勝. 손자, 『도해 손자병법』, 민병천 옮김(연경문화사, 2001).

10 자기결박의 기술에 대한 포괄적 논의는 Jon Elster, *Ulysses Unbounded* (Cambridge: Cambridge University Press, 2000) 참조.

11   분리 현상이 선택에 미치는 영향에 대한 논의로 Richard H. Thaler, *Misbehaving: The Making of Behavioral Economics*(New York: W. W. Norton & Company, 2015) 참조.

12   이란 혁명에서 시민의 정치적 의지가 시시각각으로 변하는 양상을 추적한 연구는 Charles Kurzman, *The Unthinkable Revolution*(Cam-bridge: Harvard University Press, 2004) 참조.

13   미래의 멀고 가까움이 빚어내는 인식의 변화에 대한 개괄적 논의는 Susan Fiske and Shelley E. Talyor, *Social Cognition: From Brains to Culture*(New York: Sage, 2013) 참조.

14   미국 헌법 장치가 인민의 심사숙고한 민주적 결정에 도움을 주는 과정에 대한 논의는 Bruce Ackerman, *We the People: Foundations*(New York: Belknap Press, 1993); 한병진, 「미국 헌정질서, 법치, 민주주의의 삼위일체: 애커만의 이중민주주의론을 중심으로」, 《대한정치학회보》 14권 3호(2007), 19~37 참조. 미국 헌법이 설치한 인위적 장애물로 인해 미국이 선진 민주주의 국가 중 복지제도가 가장 뒤처진 나라가 되었다는 부정적 평가는 Alberto Alesina and Edward L. Glaeser, *Fighting Poverty in the US and Europe: A World of Difference*(Oxford: Oxford University Press, 2004) 참조.

15   자기 구속 장치를 통해 협상에서 유리한 고지를 선점하는 행위에 대한 다양한 예를 제시한 고전적 논의는 Thomas Schelling, *The Strategy of Conflict*(Cambridge: Harvard University Press, 1960) 참조.

16   인간의 위선을 마음의 방으로 설명하는 논의는 Robert Kurzban, *Why Everyone (else) Is a Hypocrite*(Princeton: Princeton University Press, 2010) 참조.

17   과거와 미래에 대한 주관적 평가와 예상이 현재의 감정과 의지에 크게 좌우되는 양상에 대한 논의는 최인철, 앞의 책 참조.

18   독재자와 엘리트의 약속의 문제에 대한 연구는 Roger B. Myerson, "The Autocrat's Credibility Problem and Foundations of the Consti-tutional State," *American Political Science Review* 102(1)(2008), 125−139 참조.

19   지배 연합이 최소화되는 경향에 대한 연구는 Bruce Bueno de Mes-quita, Alastair Smith, Randolph M. Siverson and James D. Morrow, *The Logic of Political Survival*(Cambridge: MIT Press, 2003); William H. Riker, *The Theory of Political Coalitions*(New Haven: Yale University Press, 1962) 참조.

3   대학탐구생활

1   공유지의 비극에 대한 포괄적 논의는 Elinor Ostrom, *Governing the Commons: The Evolution of Institutions for Collective Action*(Cambridge: Cambridge University Press, 1990) 참조. 공유지의 비극을 쉽게 발견할 수 있는 곳이 뜻밖에도 공산주의이다. 공산주의 경제에 만연한 공유지의 비극에 대한 분석은 Gerard Roland, *Transition and Economy*(Cambridge: The MIT Press, 2000) 참조.

2   협동에서 반복의 중요성을 컴퓨터 게임을 통해 증명하고 있는 고전적 논의는 Robert Axelord, *The Evolution of Cooperation*(New York: Basic Books, 1984) 참조.

3   선택의 상호 의존적 영향력으로 인한 순차적 집단행동에 대한 고전적 연구는 Mark Granovetter, "Threshold Models of Collective Behavior," *The American Journal of Sociology* 83(6)(1978), 1420−1443 참조. 상호 의존적 영향력하에서 시위가 들불처럼 확산되는 양상에 대한

연구는 Michael Biggs, "Positive Feedback in Collective Mobilization: The American Strike Wave of 1886," *Theory and Society* 32(2003), 217–254 참조.

4 인간과 생물의 선택에서 미래의 기대 수준이 오늘의 선택을 좌우한다는 고전적 연구는 Robert Axelord, 앞의 책 참조.

5 교양 수업의 학생처럼 소련 말기 공산 관료 역시 단기적 이익을 위해 극히 기회주의적으로 행동했다. 이들의 극심한 부패로 인한 내부로부터의 소련 붕괴를 다룬 중요한 연구는 Steven Solnick, *Stealing the State: Control and Collapse of Soviet Institutions*(Cambridge: Harvard University Press, 1998) 참조.

6 체증 현상에 대한 고전적 연구는 Brian W. Arthur, *Increasing Returns and Path Dependence in the Economy*(Michigan, Ann Arbor: University of Michigan Press, 1994) 참조.

7 기억의 자아는 절정과 끝을 기억하는 방식으로 경험을 기억하기에 행복의 총합에 약하다. 이 분야를 개척한 연구자의 개괄적 소개는 Daniel Kahneman, *Thinking, Fast and Slow*(New York: Farrar, Straus and Giroux, 2011) 참조.

8 무단 횡단을 비롯한 선택의 상호 의존적 영향력으로 발생하는 소소한 일상의 변화에 대한 고전적 논의는 Thomas Schelling, *Micromotives and Macrobehavior*(New York: W. W. Norton and Company, 1978) 참조.

9 Solomon Asch, "Opinions and Social Pressure: Conformity Pressure," *Scientific American* 193(5)(1955), 31–35 참조.

10 이는 애시의 후속 실험으로, 이에 의거해서 이견자의 사회적 역할에 대해 강조하는 논의는 Cass Sunstein, *Why Societies Need Dissent*(Cambridge: Harvard University Press, 2005) 참조.

11 안전한 집단행동에 대비하여 위험한 집단행동에서 선도자의 필요성에 대한 탁월한 논의는 Pamela Oliver, Gerald Marwell, Ruy Teixeira, "A Theory of the Critical Mass. I. Interdependence, Group Hetero-geneity, and the Production of Collective Action," *The American Journal of Sociology* 91(3)(1985), 522−556 참조.

12 박찬희 · 한순구, 『인생을 바꾸는 게임의 법칙』(경문사, 2005).

13 자산이나 기술의 고정성 정도가 집단행동 및 정치적 능력에 미치는 영향에 대한 논의는 Jeffry Frieden, *Debt, Development, and Democracy: Modern Political Economy and Latin America, 1965−1985*(Princeton: Princeton University Press, 1991) 참조.

14 공공재 생산의 특성에 대한 기초적 논의는 Hal R. Varian, *Interme-diate Microeconomics: A Modern Approach*(New York: W. W. Norton & Company, 1999) 참조.

15 집단 극화 현상의 다양한 사례를 소개하고 이의 예방책 등을 논의하고 있는 책은 Cass Sunstein, *Going to Extremes: How Like Minds Unite and Divide*(New York: Oxford University Press, 2009) 참조.

16 테러 조직이 사이버 공간을 통해 조직원을 충원하는 과정에 대한 연구는 Marc Sageman, *Leaderless Jihad*(Pennsylvania: University of Pennsylvania Press, 2008) 참조.

17 연방주의자 논설 제10호에서 연방제를 지지하기 위해 제임스 메디슨이 펼치고 있는 핵심 논리.

18 나라의 크기가 가지는 장점과 단점에 대한 포괄적 연구는 Alberto Alesina and Enrico Spolaore, *The Size of Nations*(Cambridge: The MIT Press, 2003) 참조.

19 공자의 배움에 대한 신념을 현대 심리학으로 재해석한 책은 김명근, 『이기적 논어 읽기』(개마고원, 2015) 참조.

20   내면적 태도 변화에 관한 사회심리학 연구의 개괄은 Elliot Aronson, *The Social Animal*(New York: Worth Publishers, 2011); David G. Myers, *Social Psychology*(New York: McGraw-Hill, 2010) 참조.

21   캔디 실험 등을 통해 규범의 위력을 소개하는 책은 Dan Ariely, *Predictably Irrational*(New York: Harper, 2008) 참조.

22   시민적 덕성 등 내재적 동기와 금전적 보상 등 외부적 유인이 양립하지 못하는 현상을 소개하고 있는 책은 Daniel H. Pink, *Drive: The Surprising Truth about What Motivates Us*(New York: Riverhead Books, 1995) 참조.

23   무작위적 현상을 인과적으로 설명하려는 시도에 대한 신랄한 비판서는 Nassim Taleb, *Fooled by Randomness: The Hidden Role of Chance in Life and in the Markets*(New York: Random House, 2005) 참조.

4   삶이 그대를 속일지라도

1   거부권자론을 체계적으로 제안하고 있는 연구서는 George Tsebelis, *Veto Players: How Political Institutions Work*(Princeton: Princeton University Press, 2002) 참조.

2   본문의 예는 심리학 문헌에서 자주 인용된다. Ziva Kunda, *Social Cognition: Making Sense of People*(Cambridge: MIT Press, 1999) 참조. 맥락적 영향에 심하게 흔들리는 선호의 불안정성을 보여주는 연구 모음은 Sarah Lichtenstein and Paul Slovic, *The Construction of Preference*(New York: Cambridge University Press, 2006) 참조.

3   쉽게 믿어버리는 경향에 대한 종합적 개괄은 Michael Shermer, *The Believing Brain: From Ghosts and Gods to Politics and Conspiracies: How*

We Construct Beliefs and Reinforce Them as Truths(New York: St. Martin's Griffin, 2012); 긍정을 초기 값으로 설정할 경우 판단에 필요한 에너지가 절약된다는 주장은 Daniel Gilbert, "How Mental Systems Believe," *American Psychologist* 46(2)(1991), 111–119 참조.

4   면접관이 신체적으로 매력적인 면접자가 돋보일 수 있는 질문을 던져 유리한 평가를 받도록 도와준다는 심리학 연구는 Mark Snyder, Elizabeth Decker Tanke and Ellen Berscheid, "Social Perception and Interpersonal Behavior: On the Self-Fulfillng Nature of Social Stereotypes," *Journal of Personality and Social Psychology* 35(9)(1977), 656–666 참조. 물론 면접관은 이 사실을 의식하지 못한다. 부지불식간에 일어나는 본능이라는 의미이다.

5   시간이 갈수록 기존 선택의 기회비용이 증가하는 현상으로 경로 의존성을 엄밀히 정의할 수 있다. Paul Pierson, "Increasing Returns, Path Dependence, and the Study of Politics." *American Political Science Review* 94(2)(2000), 251–267 참조.

6   본문의 예를 비롯하여 우연한 기회가 위대한 기술과 능력으로 발전하는 사례를 모은 책은 Malcom Gladwell, *Outliers*(New York: Back Bay Books, 2011) 참조.

7   장자, 『장자 외편』, 김창환 옮김(을유문화사, 2010).

8   이솝, 『이솝 우화』, 천병희 옮김(숲, 2013).

9   노자, 『도덕경』, 이석명 옮김(올재 클래식스, 2014).

10 한병진·임석준, 「조정, 독재권력 형성과 변동의 미시적 기초」,《현대정치연구》 7권 1호(2014), 142–163. 자연계와 사회현상에서 연쇄작용으로 인한 쏠림 현상을 소개한 책은 Phillip Ball, *Critical Mass: How One Thing Leads to Another*(New York: Farrar, Straus and Giroux, 2004); Mark Buchanan, *Ubiquity: Why Catastrophes Happen*(New

York: Three Rivers Press, 2000) 참조.

11 공유된 인식이 권력의 기초임을 치킨 게임을 통해 논의한 연구는 Roger B. Myerson, "The Autocrat's Credibility Problem and Foundations of the Constitutional State," *American Political Science Review* 102(1)(2008), 125–139 참조.

12 동전의 앞면과 뒷면이 번갈아 나와야 할 것 같은 착각은 인식의 또 다른 편향인 대표성 어림법(representative heuristics)이다.

13 맹자, 『맹자』, 김학주 옮김(서울대학교 출판부, 2013).

14 연예계 등 승자 독식의 직업 세계에서 우연성이 경로 의존적 압력을 발생시키는 과정을 논의한 책은 Nassim Taleb, *Fooled by Randomness: The Hidden Role of Chance in Life and in the Markets*(New York: Random House, 2005) 참조.

15 승자 독식의 세계에서 기술의 한계적 차이가 불러오는 임금격차는 갈수록 커지는 체증의 곡선을 보임을 논의한 연구는 Kevin M. Murphy, Andrei Shleifer and Robert W. Vishny, "The Allocation of Talent: Implications for Growth," *Quarterly Journal of Economics* 106(2)(1991), 503–530 참조.

16 다른 것에 주의를 집중하고 있으면 심지어 눈으로 보고도 시각적 정보를 처리하지 못하는 현상에 대한 고전적 연구는 Christopher Chris and Daniel Simons, *The Invisible Gorilla*(New York: Broadway Paperbacks, 2009) 참조.

17 보지 못함을 없음과 동일시하는 오류가 발생시키는 의학적·정치적 문제에 대한 논의는 Nassim Taleb, *The Black Swan: The Impact of the Highly Improbable*(New York: Random House, 2007) 참조.

18 Dan Ariely, *Predictably Irrational*(New York: Harper, 2008) 참조.

19 Nassim Taleb, 앞의 책.

20 Brauch Fischhoff and Ruth Beyth, "I Knew It Would Happen: Remembered Probabilities of Once Future Things," *Organizational Behavior and Human Performance* 13(1975), 1-16.

21 마인드셋 연구는 Carol S. Dweck, *Mindset: The New Psychology of Success*(New York: Ballantine Books, 2007) 참조.

22 중용의 법칙이 작동하는 사회적 현상에 대한 개괄은 Malcom Gladwell, *David and Goliath: Underdogs, Misfits, and the Art of Battling Giants*(New York: Back Bay Books, 2015) 참조. 중용에 대한 본격적인 학술적 연구는 Adam Grant and Barry Schwartz, "Too Much of a Good Thing: The Challenge and Opportunity of the Inverted U," *Perspectives of Psychological Science* 69(1)(2011), 61-76 참조.

23 관조를 통해 내면의 자아를 확신하는 행위에 대한 신랄한 비판과 '예'라는 형식의 중요성을 개관한 연구는 Michael Puett and Christine Gross-Loh, *The Path: What Chinese Philosophers Can Teach Us about the Good Life*(New York: Simon & Schuster, 2016) 참조.

24 태도 변화의 도구로 공자의 예를 해석한 시도는 같은 책 참조.

25 마케팅에서 사용되는 문턱 걸치기 수법에 대한 개괄은 로버트 치알디니, 『설득의 심리학』, 이현우 옮김(21세기북스, 2002) 참조.

5   생활의 발견

1 공산주의는 정치적 덕을 누가 많이 체화했는지를 가지고 경쟁하는 덕치(virtuocracy)라 규정하며 연줄 사회임을 증명한 연구서는 Andrew Walder, *Communist Neo-Traditionalism*(Berkeley: University California Press, 1998) 참조.

2   여론 분야에서 발생하는 동조 현상에 대한 고전적 연구는 Elisabeth
    Noelle-Neumann, *The Spiral of Silence: Our Social Skin*(Chicago: Uni-
    versity of Chicago Press, 1984) 참조.

3   집단 지성에 대한 개괄적 소개는 James Surowiecki, *The Wisdom of
    Crowds*(New York: Little Brown, 2004) 참조.

4   동조 현상을 유발하는 두 가지 이유에 대한 포괄적 소개는 Cass Sun-
    stein, *Why Societies Needs Dissent*(Cambridge: Harvard University
    Press, 2005) 참조. 동조 현상이 권력투쟁에서는 다른 이유로 발생한
    다. 권력투쟁에서는 승리를 위해 뭉친다. 인류 역사 내내 강력하게
    뭉친 소수가 다수를 지배했다는 주장은 G. Mosca, *The Ruling Class*
    (New York: McGraw-Hill, 1923/1939) 참조.

5   이를 극적으로 보여주는 고전적 실험은 Bibb Latane and John Darley,
    "Group Inhibition of Bystander Intervention in Emergencies," *Journal
    of Personality & Social Psychology* 10(3)(1968), 215−221 참조.

6   첫인상의 중요성인 후광효과를 증명하는 애시의 고전적 실험은 다
    양한 문헌에서 소개되고 있다. Daniel Kahneman, *Thinking, Fast and
    Slow*(New York: Farrar, Straus and Giroux, 2011) 참조.

7   혈액형 성격 가설에 대한 물리학자의 비판은 김범준, 『세상 물정의
    물리학』(동아시아, 2015) 참조.

8   비둘기의 예를 대니얼 길버트, 『행복에 걸려 비틀거리다』, 서은국 ·
    최인철 · 김미정 옮김(김영사, 2006)에서 인용함.

9   인과관계로 세상을 설명하려는 욕구에서 비롯된 의식(ritual)의 탄
    생과 잘못된 믿음을 개괄한 논의는 Michael Shermer, *The Believing
    Brain: From Ghosts and Gods to Politics and Conspiracies: How We
    Construct Beliefs and Reinforce Them as Truths*(New York: St. Martin's
    Griffin, 2012) 참조.

10 공자, 『논어』, 김학주 옮김(서울대학교 출판부, 1991).

11 노자, 『도덕경』, 이석명 옮김(올재 클래식스, 2014).

12 악행은 본성이 아니라 상황의 힘에 크게 좌우됨을 다양한 실험을 통해 증명한 연구는 Philip Zimbardo, *The Lucifer Effect*(New York: Random House, 2007) 참조.

13 깨진 창문 이론을 최초로 주창한 글은 James Q. Wilson and George L. Kelling, "Broken Windows: The Police and Neighborhood Safety," *The Atlantic Monthly*(March 1982) 참조. 범죄행위에서 사회적 영향력이 작동하는 과정을 연구한 글은 Dan M. Kahan, "Social Influence, Social Meaning, and Detterence," *Virginia Law Review* 83(2)(1997), 253−323 참조. 뉴욕시에서 범죄와의 전쟁에 실제로 이 이론을 직접 적용한 사례에 대한 생생한 묘사는 Malcom Gladwell, *Tipping Point*(New York: Little, Brown and Company, 2006) 참조.

14 같은 개념에 속하는 대상들은 주요 속성을 공유해야 한다는 주장은 Giovanni Sartori, "Concept Misformation in Comparative Politics," *American Political Science Review* 64(4)(1970): 1033−1053 참조.

15 David Collier and James E. Mahon, Jr. "Conceptual 'Stretching' Revisited: Adapting Categories in Comparative Analysis," *American Political Science Review* 87(4)(1993): 845−855.

16 미국 건국의 아버지들이 추상적 원칙이 아니라 인간에 대한 현실적 이해를 바탕으로 하여 미국 헌법 제도를 마련하고 있음을 보여 준 책은 Alexander Hamilton, James Madison and John Jay, *The Federalist Papers: A Collection of Essays Written in Favour of the New Constitution*(New York: Coventry House Publishing, 2015) 참조.

17 이러한 입법 전략의 예를 소개한 글은 로버트 치알디니 · 노아 골드스타인 · 스티브 마틴, 『설득의 심리학: 완결편』, 김은령, 김호 옮김

(서울: 21세기북스, 2015) 참조.

18 사적 신념과 공적 행위 사이의 괴리에 대한 다양한 사례를 소개하고 이의 집합적 결과를 논의한 책은 Timor Kuran, *Private Truths, Public Lies*(Cambridge: Harvard University Press, 1995) 참조.

19 아프리카에서 날아온 듯한 다소 우스꽝스러운 이메일을 통해 잠재적 피해자를 선별하는 미국에서의 사기 행각에 대한 소개는 Steven Levitt and Stephen Dubner, *Think Like a Freak*(New York: William Morrow, 2015) 참조.

20 본문의 예를 비롯하여 선별로 인한 표본 추출의 편향성을 지적한 연구는 Jon Elster, *Explaining Social Behavior: More Nuts and Bolts for the Social Sciences*(New York: Cambridge University Press, 2007) 참조.

21 탈출에 대한 고전적 논의는 Albert Hirschman, *Exit, Voice and Loyalty: Responses to Decline in Firms, Organizations, and States* (Cambridge: Harvard University Press, 1972) 참조. 탈북을 선별로 평가한 글은 한병진, 「북한 정권의 내구성에 대한 이론적 고찰」, 《국가전략》 15권 1호(2009), 119−141 참조. 냉전 시기 동독 정부가 의도적으로 반체제 인사의 탈출을 허용했다는 연구는 Albert Hirschman, "Exit, Voice, and the Fate of the German Democratic Republic: an Essay in Conceptual History," *World Politics* 45(1)(1993), 173−202 참조.

22 '발로 투표하기(voting with feet)'라는 관점에서 연방제를 논의한 고전적 연구는 Charles Tiebout, "A Pure Theory of Local Expenditures," *The Journal of Political Economy* 64(5)(1956), 416−424 참조.

23 마음의 회계장부에 대한 개론적 입문서는 크리스토퍼 시, 『결정적 순간에 써먹는 선택의 기술』, 양성희 옮김(북돋움, 2011) 참조.

24 관찰 가능성이 유행에 미치는 영향을 논의한 책은 Jonah Berger, *Contagious: Why Things Catch on*(New York: Simon & Schuster, 2013)

참조.

25 유행에 민감한 상품을 프라임 시간대에 광고하는 현상에 대한 연구
는 Michael Chew, *Rational Ritual: Culture, Coordination and Common Knowledge*(Princeton: Princeton University Press, 2001) 참조.

26 장자, 『장자 외편』, 김창환 옮김(을유문화사, 2010).

27 근본귀인오류에 대한 포괄적 연구서는 Lee Ross and Richard Nisbett, *The Person and Situation*(New York: Pinter and Martin Ltd., 2011) 참조.

28 이솝, 『이솝 우화』, 천병희 옮김(숲, 2013).

29 이 실험을 소개한 책은 Elliot Aronson, Timothy D. Wilson and Robin M. Akert, *Social Psychology*(New York: Pearson, 2013) 참조.

30 본문의 예를 Chip Heath and Dan Heath, *Switch: How to Change Things When Change is Hard*(London: Random House Business Books, 2010)에서 인용.

31 John Darely and Daniel Batson, "From Jerusalem to Jericho: A study of Situational and Dispositional Variables in Helping Behavior," *Journal of Personality and Social Psychology* 27(1973), 100–108.

32 윤동주, 「자화상」(1939).

용어 해설
(가나다 순)

가용성 어림법

얼마나 쉽게 마음속에 떠오르는지를 바탕으로 사건이나 사물의 확률과 빈도를 가늠하는 태도. 천식으로 사망하는 사람의 수를 과소평가하고 번개로 인한 사망자 수는 과대평가하는 것이 여기에 해당함.

가족 유사성

형제자매가 같은 부모 밑에 태어나서 부모의 일부분을 가지고 있지만 서로 다른 것처럼 개념에 포괄되는 대상들 사이에는 차이가 존재하는 것을 말함. '리더십' 개념을 예로 들면 말을 잘하는 사람도, 경청하는 사람도 모두 '리더십'이라는 개념에 포함될 수 있음.

거부권자론

정치 과정에서 의사 결정 자체를 거부할 수 있는 거부권을 가진 사람의 수에 비례하여 현상의 변경이 어려워진다는 정치 이론. 미국에서 대통령, 하원, 상원, 최고재판소 등이 거부권을 가지고 있어 복지 및 의료 보험 제도 개혁이 어려운 것이 여기에 해당함.

경로 의존성

초기에 우연히 결정한 선택에서 벗어나기 어려운 현상. 새로운 대안(가지 않은 길)으로 변경할 경우 발생하는 기회비용(지금까지의 노력과 시간)이 시간이 갈수록 증가함.

고전적 조건형성

개에게 먹이(자극)를 줄 때 종소리(중성 자극)를 함께 울리면 종소리만 듣고도 침을 흘리는(반응) 현상. 수업 시간에 "질문 있습니까?"라고 학생들에게 물으면 학생들이 가방을 챙기는 행위가 여기에 해당함.

고착형 마음가짐

지력과 매력 등 각자의 내재적 능력은 불변한다는 믿음. 실패가 자신의 무능력을 증명한다는 두려움은 도전 자체를 거부하고 자신의 능력을 무작정 신뢰하는 태도로 연결됨.

공공재

구성원 모두가 사용할 수 있고 사용 정도에 따른 영향이 없는 재화.

공유지의 비극

구성원 모두가 사용할 수 있고 사용 정도에 따라 양이 줄어드는 재화를 낭비하게 되는 현상.

공짜 캔디 실험

가격이 낮을수록 수요가 많다는 수요 공급 법칙과 달리 캔디의 가격을 영 (0)으로 만들면 사람들은 대부분 한두 개씩만 집어가는 결과를 보여 준 실험. 가격이 사라지는 순간 경제적 효용이 아니라 사회적 규범으로 행위의 원칙이 변경되는 것을 보여 줌.

근본귀인오류

타인의 행동을 상황으로 이해하는 대신 내면의 태도, 성격, 기질로 돌리는 경향. 애인이 약속에 늦은 이유는 교통체증이 아니라 마음이 식었기 때문이라 믿는 것이 여기에 해당함.

깨진 창문 이론

방치된 깨진 창문 때문에 주변 지역이 범죄 소굴로 전락한다는 범죄학 이론. 실제로 미국 뉴욕 시에서 강력 범죄를 줄이고자 거리 정화 운동에 집중하여 커다란 효과를 얻었음.

내재적 동기

외부에서 주어지는 보상이나 강제가 아니라 내면의 가치, 신념, 호기심 등에 의해 자발적으로 즐거움을 추구하려는 마음. '배우고 때때로 익히니 어찌 기쁘지 아니한가'라는 공자의 언명이 이러한 마음에서 나오는 말이라 볼 수 있음.

마음의 회계장부

동일한 자원에 이름을 달리 붙여 버리면 다른 용도로 사용하지 못하는 마음의 장난질. 마음속에 항목별 예산이 정해져 있어 음주 관련 예산을 문구류 관련 예산으로 넘기지 못하는 어리석음의 원천임.

매몰비용

이미 지출되어 회수할 수 없는 비용. 프로야구에서 엄청난 연봉을 주고 데려온 선수가 부진하고 오히려 몸값이 낮은 선수가 훨씬 가능성이 있어 보여도 감독이 고액 연봉 선수를 기용하여 게임을 망치는 것은 매몰비용에 대한 집착 때문임.

무의식적 반추

어떤 대상을 생각하지 않겠다는 자신의 의지에 반해 그 대상이 자꾸 생각 나는 현상. 완전범죄를 꿈꾸는 범죄자가 자신의 범죄 행각을 자꾸 떠올려 말실수를 하는 경우가 여기에 해당함.

변동 강화 계획

행위에 대한 보상이 무작위적으로 주어지는 상태. 불규칙하게 날아오는 연락을 즉각적으로 받기 위해 스마트폰을 손에서 놓지 못하고 지속적으로 확인하는 행동이 변동 강화 계획의 결과임.

부재를 감각하기 어려움

인식의 경험주의적 한계로서, 감각적으로 전달되지 않는 정보를 인지하기 어려운 것을 말함. 자신이 싫어하는 일을 다른 사람이 자신에게 하지 않은 것을 고마워하기 힘든 마음이 여기에 해당함.

부활을 위한 도박

전쟁에서 이길 가능성이 매우 낮아졌음에도 전쟁을 포기하지 않고 총력전 을 펼치는 행위. 민주주의 국가에서 정치 지도자가 선거를 앞두고 실패를 자인하지 않기 위한 기회주의적 이유에서 자주 행함.

비교 · 대조 효과

감정의 정도 혹은 가치의 정도에 대한 판단이 비교 대상에 좌우되는 현상. 누구 옆에 있느냐에 따라 나의 매력에 대한 상대의 판단이 달라지는 경우가 여기에 해당함.

사회심리학
사회적, 문화적, 집단적 영향력이 개인의 인식, 평가, 판단 등에 어떤 영향을 미치는지를 연구하는 심리학의 하위 분야.

상승의 상호작용
공개적 행위를 상호 관찰하면서 기존의 믿음과 태도를 더욱 공고히 하는 현상. 대구 지하철 참사에서 상황 판단을 위해 시민들은 맞은편에 앉은 승객의 태도를 관찰하는데 그 승객은 그 순간 다른 시민을 관찰하는 것이 여기에 해당함. 이들의 상호작용으로 안전하다는 판단은 더욱 공고해짐.

선택의 상호 의존
소비자 등의 선택이 독립적으로 이루어지지 않고 대신 타인의 선택에서 커다란 영향을 받는 현상. 출판 시장에서 독자는 베스트셀러를 구매하려 하고 관객은 인기 영화를 보려는 것이 여기에 해당함.

선택의 역설
대안의 수가 증가할수록 선택이 어려워지는 현상. 더 많은 선택이 더 많은 효용과 행복을 가져온다는 경제학적 믿음에 배치됨. 식당에 음식 종류가 너무 많으면 소비자가 선택 자체를 포기해 버리는 것이 여기에 해당함.

세력 전이 이론
세계대전의 원인은 세력의 불균형에서 균형으로 이동하는 시기에 발생한다는 국제정치 이론. 후발 산업화 국가인 독일이 비스마르크의 통일 이후 영국을 따라잡으면서 세력균형이 발생하고 이로 인해 1차 세계대전이 발발한 것을 이 이론으로 설명할 수 있음.

소유효과

물건, 사람, 이데올로기 등이 자신의 소유물로 인식되는 순간 이전보다 그 대상물에 대한 가치를 높게 보는 현상. 좋아하는 가수의 공연 티켓 판매가 있고 난 후 티켓을 구한 열성 팬과 그러지 못한 열성 팬이 생각하는 가격에서 상당한 차이가 발생하는 이유가 됨.

손실 회피

행동경제학의 핵심 원리 중 하나로 동일한 양의 이득에서 느끼는 즐거움보다 손실로 인한 괴로움이 훨씬 큰 인간의 보편적 심리. 본전에 대한 강한 욕망으로 도박장을 떠나지 못하고 더욱 모험적으로 돈을 거는 모습에서 손실 회피의 위력을 확인할 수 있음.

승자 독식 현상

초반의 우세가 경쟁에 압도적 영향력을 발휘하여 승자가 모든 것을 다 차지하는 현상. 연예계에서 처음 인기를 얻은 자가 나중에 대부분의 프로그램을 독점하는 경우가 여기에 해당함.

애시의 실험

우리가 사회적 압력에 얼마나 취약한지를 보여 주는 실험. 실험 공모자들의 잘못된 의견을 추종하여 실험 참여자 상당수가 두 선분의 길이가 서로 다른데도 같다고 대답함.

외부성(부정적, 긍정적)

개인이 행한 결과가 시장의 가격기구를 거치지 않고 다른 사람들의 효용에 영향을 미치는 현상. 모기장을 치면 이동한 모기로 인해 옆방 사람에게 부정적 외부성이 발생하고 모기약으로 모기를 잡으면 긍정적 외부성이 발생함.

음모론
사회 · 정치적으로 중요한 사건의 배후에는 의도를 지닌 집단의 의식적 행동이 있다고 믿는 경향. 쉽게 믿어버리는 확증 편향으로 인해 사소한 증거에 매달려 음모론을 굳게 믿게 됨.

이케아 효과
조립할 때 크게 애를 먹은 가구에 더욱 애착을 느끼는 마음. 노동이 단지 수고스러운 돈벌이에 그치지 않고 그 자체로 만족과 기쁨을 주는 것을 알 수 있음.

인식 편향
합리성 가정에서 규칙적으로 벗어나는 인식의 오류. 단순히 우연한 실수가 아니기에 개인의 선택과 결정을 보편적으로 설명하기 위해 고려해야 하는 특징임.

자기 결박 기술
의지 부족으로 인해 자신에게 더 유익한 선택을 취하지 못하는 미래를 피하기 위해 오늘 자신의 행위 능력을 미리 구속, 제거하는 조치. 고시생이 고시 공부를 위해 깊은 산속이나 섬으로 이동한 사례가 여기에 해당함.

자기 정당화
행위와 태도가 불일치할 경우 이미 변경 불가능한 자발적 행위 대신 내면의 태도를 행위에 일치시키려는 심리. 『논어』 「위정」 편에서 법이 아닌 덕으로 통치하면 백성들이 부끄러움을 안다는 공자의 주장과 일치함.

정박 효과

사물, 사건, 사람을 평가할 때 자신에게 주어진 출발선으로부터 멀리 벗어나지 못하는 경향. 일례로 옆에서 김일성 만세를 외치고 있는 자를 지켜보면서 북한 주민은 그가 상당한 정도의 충성심을 지니고 있다고 판단할 가능성이 농후함. 얼토당토않은 액면가가 최종 협상 가격을 좌우하는 것도 여기에 해당함.

집단 극화

생각이 비슷한 집단 구성원의 의견이 시간이 갈수록 더욱 한쪽으로 치우치는 경향. 팬클럽을 통해 열성 팬이 사생 팬이 되는 현상이 여기에 해당함.

추상의 사다리

더욱 포괄적인 개념일수록 개념이 포함하는 속성의 수가 하위 개념에 비해 적은 것을 말함.

치킨 게임

충돌이 가져오는 막대한 손실로 인해 게임의 참가자 모두가 충돌 대신 항복을 선호하는 전략적 상호작용 게임. 자동차 핸들을 뽑는 등 먼저 선수를 쳐서 상대가 피하지 않으면 충돌이 불가피하다는 사실을 인식시키는 자가 유리한 게임임.

평균으로의 회귀

첫 번째 측정에서 극단 값을 보인 변수의 다음 번 측정값은 평균으로 접근하는 통계학적 현상. 매우 뛰어난 아버지의 자식들이 다소 평범한 경우가 여기에 해당함.

한계비용, 한계효용

추가적인 소비 혹은 생산에서 발생하는 비용이나 효용. 그래프로 표현할 경우 비용곡선이나 효용곡선 상 접선의 기울기에 해당함.

합의적 의사 결정

단순 과반수에 의한 의사 결정에서 벗어나 구성원 대다수의 동의가 있을 때만 결정이 이루어지는 방식. 민주주의 정치 과정에서 합의적 의사 결정의 대표적인 사례로는 네덜란드가 종교, 언어, 민족에 따라 나누어진 것을 꼽을 수 있음.

행동경제학

심리학 등이 밝히고 있는 인간의 규칙적인 인지적 한계와 오류에 의거하여 실제 인간의 경제적 선택과 결정을 설명하면서 주류 경제학의 합리성 가정에 도전하는 경제학 분야.

행동과학

개인의 다양한 감정, 이해, 신념이 인지와 선택에 미치는 영향을 중심으로 사회적 사건의 미시적인 인과적 메커니즘을 밝히는 융합 학문.

협력 이론

처벌 능력을 지닌 제삼의 심판자가 없는 무정부 상황에서 이기적 행위자가 배신의 유혹을 극복하고 협력을 달성하는 조건과 상호작용을 다룬 이론. 예를 들어 장기적인 거래가 예상되는 경우 주요 기업은 오늘 배신해서 단기적 이익을 극대화하는 대신 자발적 협력을 통해 카르텔을 형성함.

확증 편향

자신의 믿음에 부합하는 증거에만 주목하여 믿음이 사실에 부합한다고 쉽게 결론 짓는 경향. 진실을 추구하는 과학자가 아니라 무죄를 증명하고자 하는 변호사처럼 우리의 마음이 움직이는 것임.

후견지명(사후 확신 편향)

사건이 발생한 직후 기억이 편집되면서 사건(사고) 발생 전에도 사건(사고)의 발생 가능성을 높게 생각했다고 착각하는 것을 말함. 중간 관리자들이 성공 가능성이 낮은 대박 사업을 포기하는 이유에 해당함.

후광효과

첫인상만으로 다른 불분명한 인간적 가치를 판단하는 버릇. 첫인상은 첫인상일 뿐이라는 믿음은 인간의 합리적 판단 능력에 대한 과도한 기대임.

참고문헌

공자. 김학주 옮김(2001). 『논어』. 서울대학교 출판부.

길버트, 대니얼. 서은국·최인철·김미정 옮김(2006). 『행복에 걸려 비틀 거리다』. 김영사.

김명근(2015). 『이기적 논어 읽기』. 개마고원.

김범준(2015). 『세상 물정의 물리학』. 동아시아.

노자. 이석명 옮김(2014). 『도덕경』. 올재 클래식스.

르 봉, 귀스타브. 이재형 옮김(2013). 『군중심리』. 문예출판사.

맹자. 김학주 옮김(2013). 『맹자』. 서울대학교출판부.

몽테뉴. 민희식 옮김(2013). 『몽테뉴 수상록』. 육문사.

박찬희·한순구(2005). 『인생을 바꾸는 게임의 법칙』. 경문사.

붓다. 일아 옮김(2014). 『담마빠다(법구경)』. 불광출판사.

손자. 민병천 옮김(2001). 『도해 손자병법』. 연경문화사.

서키, 클레이(2008). 『끌리고 쏠리고 들끓다』. 갤리온.

시, 크리스토퍼. 양성희 옮김(2011). 『결정적 순간에 써먹는 선택의 기술』. 북돋움.

이솝. 천병희 옮김(2013). 『이솝 우화』. 숲.

장자. 김창환 옮김(2010). 『장자 외편』. 을유문화사.

최인철(2007). 『나를 바꾸는 심리학의 지혜: 프레임』. 21세기북스.

치알디니, 로버트. 이현우 옮김(2002). 『설득의 심리학』. 21세기북스.

치알디니, 로버트 · 노아 골드스타인 · 스티브 마틴. 김은령 · 김호 옮김 (2015). 『설득의 심리학: 완결편』. 21세기북스.

피천득(1996). 『인연』. 샘터.

한병진(2007). 「미국 헌정질서, 법치, 민주주의의 삼위일체: 애커만의 이 중민주주의론을 중심으로」. 《대한정치학회보》 14권 3호: 19–37.

_____(2009). 「북한정권의 내구성에 대한 이론적 고찰」. 《국가전략》 15권 1호: 119–141.

_____(2012). 「혁명이론의 재정립을 위한 시론: 무리행동과 전망이론을 중심으로」. 《국제정치연구》 15권 1호: 109–128.

한병진 · 임석준(2014). 「조정, 독재 권력 형성과 변동의 미시적 기초」. 《현 대정치연구》 7권 1호: 142–163.

한비. 이운구 옮김(2012). 『한비자』. 한길사.

홍자성. 정석태 옮김(2009). 『스무 살의 채근담』. 부글북스.

Ackerman, Bruce(1993). *We the People: Foundations*. New York: Belknap Press.

Alesina, Alberto and Edward L. Glaeser(2004). *Fighting Poverty in the US and Europe:* A World of Difference. Oxford: Oxford University Press.

Alesina, Alberto and Enrico Spolaore(2003). *The Size of Nations*. Cambridge: MIT Press.

Ariely, Dan(2008). *Predictably Irrational*. New York: Harper.

Ariely, Dan(2010). *The Upside of Irrationality*. New York: Harper.

Aronson, Elliot(2011). *The Social Animal*. New York: Worth Publishers.

Aronson, Elliot, Timothy D. Wilson, Robin M. Akert(2013). *Social Psychology*. New York: Pearson.

Arthur, Brian W.(1994). *Increasing Returns and Path Dependence in the Economy*. Michigan, Ann Arbor: University of Michigan Press.

Asch, Solomon(1955). "Opinions and Social Pressure: Conformity Pressure." *Scientific American* 193(5): 31–35.

Axelord, Robert(1984). *The Evolution of Cooperation*. New York: Basic Books.

Ball, Phillip(2004). *Critical Mass: How One Thing Leads to Another*. New York: Farrar, Straus and Giroux.

Baumeister, Roy F., Ellen Bratslavsky, Catrin Finkenauer, Kathleen D. Vohs(2001). "Bad Is Stronger Than Good." *Review of General Psychology* 5(4): 323–370.

Berger, Jonah(2013). *Contagious: Why Things Catch on*. New York: Simon & Schuster.

Biggs, Michael(2003). "Positive Feedback in Collective Mobilization: The American Strike Wave of 1886." *Theory and Society* 32: 217–254.

Blainey, Geoffry(1973). *The Causes of War*. New York: Free Press.

Buchanan, Mark(2000). *Ubiquity: Why Catastrophes Happen*. New York: Three Rivers Press.

Bueno de Mesquita, Bruce, Alastair Smith, Randolph M. Siverson, James D. Morrow(2003). *The Logic of Political Survival*. Cambridge: MIT Press.

Charis, Christopher and Daniel Simons(2009). *The Invisible Gorilla*. New York: Broadway Paperbacks.

Chew, Michael(2001). *Rational Ritual: Culture, Coordination and Common Knowledge*. Princeton: Princeton University Press.

Clark, Margaret S. and Judson Mills(1979). "Interpersonal Attraction in Exchange and Communal Relationships." *Journal Of Personality and Social Psychology* 37: 12−24.

Coleman, James S.(1990). *Foundations of Social Theory*. Cambridge: Harvard University Press.

Collier, David and James E. Mahon, Jr.(1993). "Conceptual 'Stretching' Revisited: Adapting Categories in Comparative Analysis." *Ameri-can Political Science Review* 87(4): 845−855.

Darely, John and Daniel Batson(1973). "From Jerusalem to Jericho: A study of Situational and Dispositional Variables in Helping Behavior." *Journal of Personality and Social Psychology* 27: 100−108.

De Tocqueville, Alexis(1856). *The Old Regime and the Revolution*. New York: Harper and Brothers.

Dweck, Carol S.(2007). *Mindset: The New Psychology of Success*. New York: Ballantine Books.

Elster, Jon(2000). *Ulysses Unbounded*. Cambridge: Cambridge University Press.

_____(2007). *Explaining Social Behavior: More Nuts and Bolts for the Social Sciences*. New York: Cambridge University Press.

Fearon, James(1995). "Rationalist Explanations for War." *International Organization* 49(3): 379−414.

_____(2011). "Self-Enforcing Democracy." *The Quarterly Journal of Economics* 126(4): 1661−1708.

Fischhoff, Brauch and Ruth Beyth(1975). "I Knew It Would Happen: Remembered Probabilities of Once Future Things." *Organiza-tional Behavior and Human Performance* 13: 1−16.

Fiske, Susan and Shelley E. Talyor(2013). *Social Cognition: From Brains to Culture*. New York: Sage.

Frieden, Jeffry(1991). *Debt, Development, and Democracy: Modern Political Economy and Latin America,* 1965−1985. Princeton: Princeton University press.

Gilbert, Daniel(1991). "How Mental Systems Believe." *American Psychologist* 46(2): 111−119.

Gladwell, Malcom(2006). *Tipping Point*. New York: Little, Brown and Company.

_____(2011). *Outliers*. New York: Back Bay Books.

_____(2015). *David and Goliath: Underdogs, Misfits, and the Art of Battling Giants*. New York: Back Bay Books.

Granovetter, Mark(1978). "Threshold Models of Collective Behavior." *The American Journal of Sociology* 83(6): 1420−1443.

Grant, Adam and Barry Schwartz(2011). "Too Much of a Good Thing: The Challenge and Opportunity of the Inverted U." *Perspectives of Psychological Science* 69(1): 61−76.

Haidt, Jonathan(2006). *The Happiness Hypothesis: Finding Modern Truth in Ancient Wisdom*. New York: Basic Books.

Hamilton, Alexander, James Madison, John Jay(2015). *The Federalist Papers: A Collection of Essays Written in Favour of the New Constitution*. New York: Coventry House Publishing.

Hardin, Russell(1996). *One for All*. Princeton: Princeton University Press.

Heath, Chip and Dan Heath(2010). *Switch: How to Change Things When Change is Hard*. London: Random House Business Books.

Hirschleifer, Jack(2001). *The Dark Side of Force*. Cambridge: Cambridge

University Press.

Hirschman, Albert(1972). *Exit, Voice and Loyalty: Responses to Decline in Firms, Organizations, and States*. Cambridge: Harvard University Press.

_____(1993). "Exit, Voice, and the Fate of the German Democratic Republic: An Essay in Conceptual History." *World Politics* 45(1): 173–202.

Kahan, Dan M.(1997). "Social Influence, Social Meaning, and Detterence." *Virginia Law Review* 83(2): 253–323.

Kahneman, Daniel(2011). *Thinking, Fast and Slow*. New York: Farrar, Straus and Giroux.

Kahneman, Daniel and Amos Tversky(2000). *Choices, Values, and Frames*. Cambridge: Cambridge University Press.

Kunda, Ziva(1999). *Social Cognition: Making Sense of People*. Cambridge: MIT Press.

Kuran, Timor(1995). *Private Truths, Public Lies*. Cambridge: Harvard University Press.

Kurzban, Robert(2010). *Why Everyone (else) Is a Hypocrite*. Princeton: Princeton University Press.

Kurzman, Charles(2004). *The Unthinkable Revolution*. Cambridge: Harvard University Press.

Latane, Bibb and John Darley(1968). "Group Inhibition of Bystander Intervention in Emergencies." *Journal of Personality & Social Psychology* 10(3): 215–221.

Levitt, Steven and Stephen Dubner(2010). *Freakonomics: A Rogue Economist Explores the Hidden Side of Everything*. New York: Harper.

_____(2015). *Think Like a Freak*. New York: William Morrow.

Lewis, David(1969). *Convention*. Cambridge: Harvard University Press.

Lichtenstein, Sarah and Paul Slovic(2006). *The Construction of Pre-ference*. New York: Cambridge University Press.

Mosca, G.(1923/1939). *The Ruling Class*. New York: McGraw-Hill.

Murphy, Kevin M., Andrei Shleifer, and Robert W. Vishny(1991). "The Allocation of Talent: Implications for Growth." *Quarterly Journal of Economics* 106(2): 503−530.

Myers, David G.(2010). *Social Psychology*. New York: McGraw-Hill.

Myerson, Roger B.(2008). "The Autocrat's Credibility Problem and Foundations of the Constitutional State." *American Political Science Review* 102(1): 125−139.

Noelle-Neumann, Elisabeth(1984). *The Spiral of Silence: Our Social Skin*. Chicago: University of Chicago Press.

Oliver, Pamela, Gerald Marwell, Ruy Teixeira(1985). "A Theory of the Critical Mass. I. Interdependence, Group Heterogeneity, and the Production of Collective Action." *The American Journal of Sociology* 91(3): 522−556.

Olson, Mancur(1984). *The Rise and Decline of Nations: Economic Growth, Stagflation, and Social Rigidities*. Connecticut: Yale University Press.

Organski, A. F. K. and Jacek Kugler(1980). *The War Ledger*. Chicago: The University of Chicago Press.

Ostrom, Elinor(1990). *Governing the Commons: The Evolution of Institutions for Collective Action*. Cambridge: Cambridge University Press.

Pierson, Paul(2000). "Increasing Returns, Path Dependence, and the Study of Politics." *American Political Science Review* 94(2): 251−267.

Pink, Daniel H.(1995). *Drive: The Surprising Truth about What Motivates Us*.

New York: Riverhead Books.

Popovic, Srdja(2015). *Blueprint for Revolution: How to Use Rice Pudding, Lego Men, and Other Nonviolent Techniques to Galvanize Communities, Overthrow Dictators, or Simply Change the World*. New York: Spiegel & Grau.

Puett, Michael and Christine Gross-Loh(2016). *The Path: What Chinese Philosophers Can Teach Us about the Good Life*. New York: Simon & Schuster.

Riker, William H.(1962). *The Theory of Political Coalitions*. New Haven: Yale University Press.

Roland, Gerard(2000). *Transition and Economics: Politics, Markets, and Firms*. Cambridge: The MIT Press.

Ross, Lee and Richard Nisbett(2011). *The Person and Situation*. New York: Pinter and Martin Ltd.

Sageman, Marc(2008). *Leaderless Jihad*. Pennsylvania: University of Pennsylvania Press.

Sartori, Giovanni(1970). "Concept Misformation in Comparative Politics." *American Political Science Review* 64(4): 1033−1053.

Schelling, Thomas(1960). *The Strategy of Conflict*. Cambridge: Harvard University Press.

_____(1978). *Micromotives and Macrobehavior*. New York: W. W. Norton and Company.

Schwartz, Barry(2005). *The Paradox of Choice: Why More Is Less*. New York: Harper.

Shermer, Michael(2012). *The Believing Brain: From Ghosts and Gods to Politics and Conspiracies(How We Construct Beliefs and Reinforce Them as*

Truths). New York: St. Martin's Griffin.

Snyder, Mark, Elizabeth Decker Tanke, and Ellen Berscheid(1977). "Social Perception and Interpersonal Behavior: On the Self-Fulfilling Nature of Social Stereotypes." *Journal of Personality and Social Psychology* 35(9): 656–666.

Solnick, Steven(1998). *Stealing the State: Control and Collapse of Soviet Institutions*. Cambridge: Harvard University Press.

Sunstein, Cass(2005). *Why Societies Need Dissent*. Cambridge: Harvard University Press.

_____(2009). *Going to Extremes: How Like Minds Unite and Divide*. New York: Oxford University Press.

Surowiecki, James(2004). *The Wisdom of Crowds*. New York: Little Brown.

Taleb, Nassim(2005). *Fooled by Randomness: The Hidden Role of Chance in Life and in the Markets*. New York: Random House.

_____(2007). *The Black Swan: The Impact of the Highly Improbable*. New York: Random House.

Tavris, Carol and Aronson Elliot(2015). *Mistakes Were Made (But Not by Me)*. New York: Mariner Press.

Thaler, Richard H.(2015). *Misbehaving: The Making of Behavioral Economics*. New York: W. W. Norton & Company.

Thaler, Richard and Cass Sunstein(2008). *Nudge: Improving Decisions about Health and Wealth, and Happiness*. Connecticut: Yale University Press.

Tiebout, Charles, M.(1956). "A Pure Theory of Local Expenditures." *The Journal of Political Economy* 64(5): 416–424.

Tsebelis, George(2002). *Veto Players: How Political Institutions Work*. Princeton: Princeton University Press.

Varian, Hal R.(1999). *Intermediate Microeconomics: A Modern Approach*. New York: W. W. Norton & Company.

Walder, Andrew(1998). *Communist Neo-Traditionalism*. Berkeley: University of California Press.

Wilson, James Q. and George L. Kelling(1982). "Broken Windows: The Police and Neighborhood Safety." *The Atlantic Monthly*(March).

Zimbardo, Philip(2007). *The Lucifer Effect*. New York: Random House.

**나는 네가 어제 한 행동을
알고 있다**

행동과학으로 눈치채는
인간의 속사정

지은이
한병진

전자우편
walk@gombooks.com

1판 1쇄 펴냄
2018년 1월 5일

전화
070-8285-5829

1판 2쇄 펴냄
2021년 10월 15일

팩스
070-7550-5829

펴낸곳
곰출판

ISBN
979-11-955156-8-4

출판신고
2014년 10월 13일
제2020—000068호

이 도서의 국립중앙도서관 출판예정도서목록(CIP)은 서지정보유통지원시스템
홈페이지(http://seoji.nl.go.kr)와 국가자료공동목록시스템(http://www.nl.go.kr/
kolisnet)에서 이용하실 수 있습니다.(CIP제어번호: CIP2017034630)